医述历史丛书

伉俪故事

医述历史丛书

总主编：张海松　王国英

副主编：董　斌

编委会成员：种竞梅　崔　岚　高莉梅　焦　杨　罗淑娟
李萌薇　李　健　马海霞　孟　震　谭　虎
王树林　魏　巍　肖　艳　杨凯艳　于录艳
张　哲　张雪雁

顾问委员会成员：董俊洲　陈国庆　杜长江　武　岩

伉俪故事

——河北大学附属医院老专家口述历史

编　写：河北大学附属医院口述历史编委会

主　编：张海松　王国英

副主编：马海霞　罗淑娟　李萌薇　高莉梅

编委会成员：王树林　种竞梅　焦　杨　肖　艳　于录艳
张　哲　张雪雁　李　健　崔　岚　杨凯艳
孟　震　董　斌　谭　虎

医述历史丛书

伉俪故事

——河北大学附属医院老专家口述历史

编／河北大学附属医院口述历史编委会

主编／张海松　王国英

副主编／马海霞　罗淑娟　李萌薇　高莉梅

河北大学出版社
·保定·

伉俪故事

KANGLI GUSHI

——河北大学附属医院老专家口述历史

出 版 人：耿金龙

选题策划：何 东

责任编辑：赵彩霞

装帧设计：徐春爽

责任校对：陈浩苏

责任印制：靳云飞

图书在版编目（CIP）数据

伉俪故事 ：河北大学附属医院老专家口述历史 / 河北大学附属医院口述历史编委会编 ；张海松，王国英主编. —— 保定 ：河北大学出版社，2019.12

ISBN 978-7-5666-1615-9

Ⅰ. ①伉… Ⅱ. ①河… ②张… ③王… Ⅲ. ①医生－生平事迹－河北－当代 Ⅳ. ①K826.2

中国版本图书馆CIP数据核字(2020)第011314号

出版发行：河北大学出版社

地址：河北省保定市七一东路 2666 号 邮编：071000

电话：0312-5073033 0312-5073029

邮箱：hbdxcbs818@163.com 网址：www.hbdxcbs.com

经 销：全国新华书店

印 制：保定市文昌印刷有限公司

幅面尺寸：170 mm × 240 mm

字 数：150 千字

印 张：13.5

版 次：2019 年 12 月第 1 版

印 次：2019 年 12 月第 1 次印刷

书 号：ISBN 978-7-5666-1615-9

定 价：48.00 元

序　言

坐落于保定、1909年肇建的河北大学附属医院，是一所国家三级甲等综合医院，先后四次易址、二十四次改名。1955年被省卫生厅命名为“河北省医院”，2005年更名为“河北大学附属医院”。多年来，医院始终秉承“为患者、为社会”的宗旨和“仁爱、诚信、敬业、创新”的院训，致力于高质量发展、高技术诊疗、高水平服务，赢得社会各界和广大人民群众的信赖，是全省卫生健康系统先进集体的优秀代表。

“医述历史丛书”是我省首部医疗行业口述史著作，由近三十位老专家将一个个鲜活故事娓娓道来，生动展示出百年院史中一幅幅精彩的画面，深刻阐释了白衣战士“敬佑生命、救死扶伤、无私奉献、大爱无疆”的崇高职业精神，也是全省卫生健康事业改革发展光辉历程的缩影。

神圣职责催发使命担当，平凡岗位成就伟大事业。希望这套丛书的出版，能够有力激发全系统广大干部职工的责任感和使命感，不忘初心、牢记使命，砥砺前行、接续奋斗，为健康河北、美丽河北建设做出新的更大贡献！

衷心祝愿河北大学附属医院发展得越来越好！

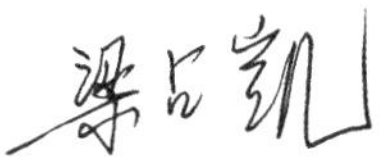

2019年10月

前　言

时光荏苒，岁月如梭。河北大学附属医院到今天已经走过了整整一百一十年的历程，历经风霜雨雪，始终秉承着治病救人、医者精诚的初心，是保定乃至河北的一所老百姓非常认可的好医院。而我本人，也在这个医院走过了三十八年的岁月，从青葱年华到资深医生、从普通医者到医院的当家人，我见证了医院改革开放以后的快速发展，我深爱这所我为之工作和奋斗了整个职业生涯的医院。

近年来，为了改善患者的就医条件，我们翻盖了新的门诊和住院大楼；为了始终保持领先地位，我们不断引进新设备；为了保证医疗水平的领先，我们每年送医务工作者到国内外最好的医院进修学习；为了让老百姓不上医院、少上医院，学会预防疾病，真正防患于未然，我们推出了面向老百姓的大型公益活动——保定责任，让我们医院最好的医生走进机关、工厂、部队、学校、社区、村落，为老百姓送去防病治病的知识……河北大学附属医院在变迁和变革中不断前行。回望医院走过的历程，我们曾二十四次易名、四次改址，从简陋的院舍到现代化的大楼，从普通单一的防疫医院到国家三甲综合医院，凝聚着我们医院一代代医务工作者奋斗与创造的足迹。历史不会忘记他们，每一个河大附院人不会忘记他们，所有为医院做出贡献的同志都值得我们铭记与学习。

随着岁月的流逝，很多老专家年事已高，我们不得不面对老领导、老前辈离我们而去的残酷现实。每每送别一位老专家，我的心情就格外沉痛，他们是医院最宝贵的财富，无法复制，无以替代。作为一名医生，我虽深知生老病死乃自然规律，但仍不免遗憾和心痛。

一次偶然的机会，我与保定学院的王国英教授谈及此事，她建议我以口述历史的方式，用文字、录音、录像等留住老专家的故事，留住老专家的文字，更留住老专家的精神；通过老专家的回忆、叙述，为后人留下一段有温度的历史。这也正是我的愿望，我希望留住我们的精神财富，留下医院的根，筑牢医院的文化之基。

于是，由河北大学附属医院发展规划办公室牵头，老干部处、人事处等多处室配合，和王国英教授带领的一支口述历史团队，历时一年半的时间，访谈了三十余名离退休老职工，他们中有老领导、老医生、老护士，都堪称老专家，年龄跨度从七十八岁到九十五岁，从事医务工作的时间均已超过了半个世纪。他们整理的老专家口述历史文字达七十余万字，照片四百余张，录音两千多分钟，最终编辑成含二十八位老专家、六十余万字、全套三册的医述历史丛书，分别命名为《冀医记忆》《医路历程》和《伉俪故事》。

这套丛书记录了20世纪五六十年代从医的一批老专家的个人发展历史，特别是他们从医过程中的亲身经历，侧面反映了河北大学附属医院的发展历史与光荣传统。翻开丛书，仿佛回到了从前的岁月、感知到一幕幕鲜活的历史故事，看到了老专家们的精益求精、一丝不苟与全心全意……看似平凡的背后，彰显着高尚和伟大。

这套丛书的问世，让我们读取到了不曾亲历的医院发展史，然而，这绝不是冰冷的历史事件和数字，鲜活的故事随时间流淌，熟悉的场景和熟悉的身影教会新一代医务工作者如何从医，如何做人。谨以此书向为医院做出贡献的老一辈工作者致以崇高的敬意，并寄语年轻一代医务工作者不忘初心，砥砺前行！

在此，深深感谢所有老前辈们，你们成就了河北大学附属医院厚重的历史；感谢王国英教授及其团队的辛勤劳动，你们为河北大学附属医院留下了宝贵的精神财富；感谢为河北大学附属医院口述历史最终出版做出奉献的顾问团队、编辑团队，你们让我们看到了一套实事求是、图文并茂的好作品！

2019年国庆前夕于河北大学附属医院

目　录

刘竹溪、王琦夫妇

年逾九旬的医界伉俪刘竹溪先生和王琦女士1952年相识于天津专区医院，因志趣相投而相恋，并于1953年结为夫妻。刘竹溪1949年到河北省医院（今河北大学附属医院）工作，王琦1953年由天津专区医院调入河北省医院。从此，二人在同一个医院治病救人，相互砥砺四十载，在生活中携手同行，相濡以沫至今。刘竹溪和王琦都是河北省医院从旧址迁至现址的见证者，也是河北大学附属医院的建设者。

刘竹溪，男，1925年出生于河北廊坊，1949年被分配到河北省医院化验室工作，曾任化验室负责人。

王琦，女，1927年出生于天津，1952年至1997年任职于河北省医院，口腔科副主任医师，曾任口腔科负责人。保定市第五届、第六届、第七届、第八届政协委员，河北省第六届人民代表大会代表，九三学社保定主委。

访谈时间：2018年8月28日—9月7日（共三次）

访谈地点：刘竹溪、王琦家

被访谈者：刘竹溪　王　琦

访 谈 者：马海霞

（文中所有照片均由刘竹溪、王琦提供）

刘竹溪：在这个医院我能施展我的技能

一、家乡与家

我是河北省廊坊市安次县人，1925年出生。安次县现在叫廊坊市安次区，当时是个穷县。我们家在安次县的“南八乡”[1]，属于农村。“南八乡”在永定河的南边，是安次县最穷的地方，因为那时候永定河常常闹水。永定河又叫“浑河”，每次发水都会把人们种的玉米、白薯、高粱这些庄稼泡了，人们就没了收成。那时候，我们家的经济条件也不太好。

我的父亲、母亲都是天主教徒，让孩子们入教是天主教徒的责任，所以我们兄弟姐妹也都入了教。我在家排行第三，上有一

［1］“南八乡”是老廊坊人或老安次人对安次县南部码头乡、南辛庄乡（后仇庄乡）、调河头乡、葛渔城乡、马道口乡（后东沽港乡）、得胜口乡、东安庄乡、马柳子乡这八个乡的合称。因为这八个乡大部分地处永定河以南，所以被称之为“南八乡”。

个哥哥和一个姐姐，下有一个妹妹。

那时，家乡的医疗卫生条件很差

20世纪三四十年代的时候，我们那里没有西医，也没有医院，再加上一般的人家都挺穷，人们生病了根本得不到好的治疗。那时候，村子里边的人一生了病就躺着待着，最多是找我们村的两个中医，让他们来诊诊脉，开点儿中药吃，管用不管用也不知道。养好了就好了，养不好就完了，至于病人到底生的什么病，人们根本不知道。

村子里边儿的人净是这样的，我的母亲也是这样去世的。我不知道我母亲去世时到底多大岁数，当时我还不到十岁，只记得母亲病得躺在炕上起不来的时候，常常咳嗽，喘不上气儿来，也吐不出痰来。后来到医院工作以后，我总是想，要是现在，也许我的母亲还能活，最起码知道她到底生的什么病吧。

抗日战争期间，我大哥的孙子出生的时候，是我的奶奶和我的姥姥两个老太太在晚上接的生，拿一把家里用的剪子剪的脐带。孩子因为破伤风，没几天就夭折了。可能当时她们没有给剪子消毒。

当然，我家的这些不幸也和当时日本人的侵略有关。

父兄先后殁于倭祸

我家那个地方，抗战期间是八路军和日军拉锯的地方。我们那个村，八路军来，日本人也来。我的哥哥的确是抵抗过日本人，我父亲也是，他们都死在了抗日战争期间。我们村有人看见过，说日本人来了，我父亲、我哥和另外几个人在村口抵抗。我不知道我的父亲和我的哥哥到底是什么时间在什么地方去世的，谁先去世的我也不知道，因为抗日战争期间我在北京上学，很少回家。

后来，我回老家去给祖父母等人立碑，发现父亲和哥哥的坟都平了，找不着了。经过邻居和当家子的指点，我大概找了个位置，给他们立了个碑，在碑上写上："父兄先后分别殁于倭祸。"我也只能这么写了，因为别的情况我也不知道，也没有人告诉过我。

二、读书岁月

在家乡集体合办的小学读了五年

我大概是六岁的时候开始上小学，那时国民政府在全国全面铺开国民小学，但是我读的小学不是公办的学校，是集体合作办的，当然也是在教育部门备过案的。这个小学是相邻的三个村子集资组建的，资金来自于庄稼的收成。筹集的资金大部分用来支付老师的薪水，那时候，一个教员一年的薪水是八十块大洋左右，除了这些以外，就是给学生置办书本之类的。孩子们上学几乎不用再花钱了，只有笔墨纸砚需要自己买。

这个小学是个初级小学，只有一到四年级，规模不大，学生也不多。三个村子、四个年级的学生，都在一个大教室上课。教室里只有一张大长条儿桌子，桌子两边各有一排抽屉。我们这些学生一个挨一个地坐在大长条儿桌子两边上课，有时候挨着的俩人闹别扭，就拿刀子在桌子中间画个道儿，桌面被刻得乱七八糟的。小孩儿就是这样。

我在这个小学一共读了五年，因为初小毕业以后，我又复读了一年。复读的时候，我主要学习了一些古文，好像是《古文观止》之类的。这样，第五年下来以后，我就不再去这个小学上学了，但也没有别的学校可以接着去读，只能在家待着，当时我不满十一岁。

就读于北京上义中学

我在家待了两三年，有时帮着家里干一些农活。其间，我还照顾过一位八路军伤员，因为当时我们家附近有一家部队的医院。

卢沟桥事变以后，我又有了上学的机会，一个人资助我到北京去上学，这个人就是管我们教区的神父，算是我的一个恩人。他和北京上义中学的校长认识，就介绍我到那里去读书，每年还替我给上义中学出两块钱的学费。我不知道神父跟上义中学的校长是什么关系，只知道他们二人一直有来往，并且关系还不错。因为我在这个学校上学的时候，神父来这里找过我们校长几次，校长会拿出葡萄酒、饼干招待他。有时候，神父也把我叫去，顺便看看我。

到了北京以后，我先在上义中学的附小接着读五、六年级，因为我只是初小毕业，不能直接上初中。当时，廊坊和北京都已经沦陷，两地所有的学校也都被日本人接管了。我原来的那个国民小学的毕业文凭上面有国旗、党旗、孙中山像，到上义中学附小以后这些都被剪掉了。没办法！

上义中学附小在西直门外，读了两年以后，我就到上义中学接着读书。上义中学在阜成门外，属于法国天主教会。学校门口挂着一个牌子，上面写着学校的代码和法国大使馆的财产范围，那是给日本人看的。上义中学的“上”本来用的是“高尚”的“尚”，后来因为有重名的，才改成“上下”的“上”了。

上义中学既有初中，也有高中，课程有算数、国语、日语、法语、历史、自然和体育等，我在那里一共读了六年。

因为学校在比较偏僻的山底下，山里有八路军的抗日游击队，所以日本人对这里的统治格外厉害。那时候，日本人要过我们的手印，把我们的十个手指头都紧紧地摁着印，备案在那里。我们对日本人有强烈的抵触情绪，都不好好学日语。按照学校的规定，我们每星期有半天的自由活动时间，老师和学生们就去爬山。山上还有我们学校的房子，我们可以在那儿休息、吃饭。我记得我们就在那上面唱《三民主义》，老师领着唱。那时候，《三民主义》是党歌，也是国歌。我们学校比较偏僻，但也有个好处，就是教师们说话一般不会透露出去，连那个日语教师对我们的一些言行，大多时候也是含含糊糊地。他也害怕，一般不明着说我们。不过，有一次，我们的一个老师就被日本人传讯了，回来以后，他跟我们说话的方式就变了，但我们心里都知道，这是老师假装的，为的是让日本人放松警惕。

当时上义中学的学生并不算多，我们那个班不到二十个人，我的学习成绩还可以。我们班里有三个人在月考的时候轮流得前三名，我就是其中之一。

我在北京一共读了八年书。这八年，正好是中国人民全面抗战的八年。因为战争，因为家里的变故，八年里，我好像就回过两三次家。

三、接触检验医学

从上义中学毕业以后，我又回到了家乡，后来再没上过学。1946年1月1日，我去天津投奔我大姑父。我大姑父在那儿的巴斯德化验所[2]工作，我投奔他去是为了找个工作。

在去天津的路上，看到路边的宣传标语，我才知道“日本投降了”！当时，很多乡下人，包括我们村里的，并不知道“日本人投降了”这个消息，因为农村里消息非常闭塞，看不到报纸。我去北京上学之前还有天津人拿旧报纸到我们乡下去卖，我见过卖报的，一个兜子里面装着几张报纸，说日本人到哪里了，哪里被占领了，要占领武汉了……我们还能知道那么一点儿消息，虽然我小时候也不太理解和关注那些。1938年以后，我们就什么消息都得不到了。

到了大姑父那里以后，我马上就找到了工作。他们那儿正好缺一个跑腿的，比如送送化验单什么的，就把我留下了。

在巴斯德化验所听差

巴斯德化验所主要是给人们做化验，检验梅毒。另外，还兼做新鲜的狂犬疫苗。

[2] 巴斯德化验所设在天津法租界巴斯德路，是北洋医学堂附设医院内设的化验所，由法籍教师卢梭望管理，卢梭望回国后，由法租界工部局医官拉达斯负责，实际工作由朱世英主持。巴斯德化验所能做临床常规化验、生化及细菌学检验、瓦氏反应、康氏沉淀试验，还能自制狂犬疫苗。该所曾以办班、带徒等形式招收进修生，是天津早期培训检验技术人员的基地。

当时，巴斯德化验所的主任是朱世英[3]，但具体管事情的是我的大姑父，工作人员有我和一位姓唐的女士，她是朱世英的朋友的闺女。我们不知道她的名字，只管她叫“唐小姐”，就我们四个人支撑着这个化验所的工作。

朱世英毕业于北洋医学堂[4]，是儿科大夫，家里也开着门诊。他每天上午来上班，下午就把化验所的工作交给我们。

化验所每星期都要做几次测梅毒的试验。试验有两种，一种叫“康氏反应”，一种叫“瓦氏试验”。这些试验都是在上午做，试验完成以后，要把检验报告用打字机打出来——当时的打字机都是英文的——并且要盖上朱世英的戳子。我负责把这些检验报告送走，但需要我送的检验报告不是特别多，我有时候也跟着去采血，或者去拿要做培养的标本。

“偷”学了一点儿技术

我的大姑父并不保守。虽然我不是化验所的检验人员，但他

[3] 朱世英，生于天津，曾就读于南开中学，北洋医学堂第十二届学生，毕业于1914年。毕业后，朱世英曾先后在南京、烟台充任海军军医官。1922年，赴美国哥伦比亚大学医学院攻读病理细菌学，获医学博士学位，成为我国第一代细菌学家之一。1924年回国，在北京中央医院工作，后任职于河北大学医科（今河北医科大学前身之一）。回天津后，朱世英受聘于旧法租界工部局所属巴斯德化验所，曾任副所长，主持细菌研究工作。在此期间，他最先将细菌化验应用于临床治疗，还根据巴斯德氏的发明，成功研制出狂犬疫苗，后在天津开业应诊。新中国成立后，曾任天津市卫生试验所所长、河北医学院教授、天津市政协委员。

[4] 北洋医学堂又称“天津西医学堂”“北洋海军医学堂”，河北医科大学的前身之一，1893年正式成立，是中国第一所官办西医学校，也是当时中国第一所自主创办的西医医院“天津储药施医总医院”的附设学堂，附设于李鸿章创办的天津总医院内，其创设的出发点在于培养军医，学制四年，学成后发给执照，准以医学谋生。1915年，北洋医学堂改名“天津海军医学校”，1930年停办。

们做试验或者做狂犬疫苗的时候，也让我看，偶尔还告诉我这是怎么回事儿，那要怎么做。我就“偷偷地”跟着他们学。

我在巴斯德化验所待了大概两年，1949年天津解放以前我已经不在那儿了。我的一个亲戚在巴斯德化验所旁边开了一个小作坊，做肥皂。我去那儿帮忙，凑合了一冬，一直到天津解放。

我在巴斯德化验所上班的时候，每个月挣的钱是二十四万元法币。二十四万法币是什么概念呢？实际上是二百四十斤小米，那时候一斤小米合一千块钱，但工资给的不是小米，是钱。二十四万法币等于人民币二十四块。当时家里还有一个老奶奶和一个妹妹，我每个月都要往家里寄钱，自己留下九十斤小米钱，余下的就寄给她们。新中国成立初期，除了薪金制，我们国家对部分职工实行过一段时间的供给制，也是以小米市斤为计量单位。供给制是从延安延续下来的，像洗漱费、毛巾、肥皂、牙膏这些就是发钱，吃饭是大伙儿一块儿吃。因为战时很艰苦，供给单身的只有那儿项零花钱。后来，国家逐渐开始实行工资制。

四、到省医院工作

天津解放以后，解放军开始招人，我就去排队报名。那个时候我还住在大姑父家，他家就在后来的天津妇产科医院附近，这个医院跟巴斯德化验所多少有点儿联系。

当时好多人排队报名，我被人叫到边上去，问了我的学历，又问我都学过什么，我记得当时问到解析几何。在上义中学读书的时候，我只学过简单的立体几何，没有学过解析几何，三角函数也没学。我们学校当时是高二、高三合起来上数学课，今年上几何，明年就上函数。我赶上的是几何，函数根本就没接触，只是后来自己看了看数学书。我就实话实说了，没想到，被录取了。当时报名的特别多，被录取上的并不多。

他们寄给我一封信通知我去报到，因为这封信我还闹了个笑话儿。我看到信里写着“通知×××到北一中执教”。我心里说，“到北一中执教”，这是让我去教中学吗？我这高中毕业教小学倒是还可以，教中学我能行吗？去报到的时候，我就问人家这个“北一中”在哪儿？人家哈哈大笑，说那不是“北一中”，是“冀中”！那个时候信都是竖着写，加上人们写“冀”字就在“北”下边画一道儿，所以我就把它看成“北一”了。

我被分配到冀中建国学院当教员。那时候河北省还没成立，保定这片儿就叫冀中区。这样，我就到了保定。

到保定之后，我们先被集中培训了一个月，在南关公园那儿，进行政治学习。后来，管理者从我的简历中发现我在巴斯德化验所做过化验，就又把我分配到了省医院的化验室。我们医院迁入新址以后，化验室改成了检验科，科里的人员也多起来了，我们这些人就改叫检验员了，之前我们这些人一般都被叫作化验员。当时，化验室里就我这么一个化验员。那时候，国家急需人才，医院也实在是缺人，没有几个大夫，我就是这样被分配到省医院的。

老院的样子和那时的化验室

我们医院之前叫河北省新民医院，抗战胜利以后叫河北省立医院，新中国成立以后叫河北省人民医院、河北省医院等，所以直到现在，人们还都叫它省医院。别的名字也改过多少次，都不响亮。

那时的省医院坐落在一个大院子里，院里都是平房，房子也比较老了。房子的布局，就像从前地主家那大宅院似的，一共有三进，中间有过道儿。每一进院子里，前面是门口，左右两边和后面都有房子。医院大门口后面有个大门洞。除了我们医院所有的科室、病房和院部，冀中区卫生厅也就是后来的河北省卫生厅，也在这个院里。

化验室在第二进院子里，原本是送子娘娘住的小庙，也叫“娃娃堂”。

当时，卫生厅的一位处长，后来当了厅长，给我们化验室送来了半个显微镜。为什么说是半个呢？因为光有架子，没有镜头。此外，我们化验室的设备还有几个吸管和试管，一个血沉架，一个尿蛋白定量管。

我到化验室之后几天，兰景松来了。他以前在这个医院的化验室待过，比较熟悉这儿的情况。

当时我们做的化验主要有尿蛋白试验和血沉试验。尿蛋白试验比较简单，在尿蛋白定量管里搁上尿和试剂，摇晃摇晃，搁一会儿，看看刻度就行。这个实验不需要精确的时间把控，但血沉试验需要。血沉试验是先把血液吸入血沉管，直到零刻度处，然后把装有血液的血沉管直立在血沉架子上，上部用弹簧压住，把化验单也搁在那儿。这时候，开始记录时间，六十分钟以后，看红细胞沉降率，也就是红细胞下沉后暴露出的血浆的高度。一般情况下，高度下降十至二十毫米属于正常。红细胞下降得快，下降得多，就不好，说明这个人很有可能是得病了。可能是贫血，因为贫血会导致红细胞减少，红细胞越少，下降得越多；也可能是炎症什么的，因为这样会导致红细胞有所改变，红细胞一改变，它所带的电荷就会有所改变，这样，红细胞和血浆之间的电极就会有所改变，导致红细胞降得也快。做血沉试验必须要观察一个小时，所以应当有一个报时表：开始了，定上时；响铃了，试验结束。但当时化验室里没有马蹄表，我也没有手表，后来兰景松来了，他有一块表，我们才能做血沉实验。

当然，现在血沉实验不这么做了，都是机器操作。试剂也是工厂生产的。我们那时候用的试剂都是自己配的。

担任化验室负责人

我刚到化验室的时候，化验室就只有我一个人。兰景松来了不久就得了阑尾炎，做了手术。那时候的医疗技术不行，手术做得不好，他的病拖延了好长一段时间才好。好了以后，他就到北京去了。

这样，化验室就又剩我自己了。所以，化验室一直由我负责。

外出检验

我在化验室的时候，经常被调出去进行检验。

我去过无极县。那儿发生了疫情，叫我跟着去检验。可当时我确实也检验不了什么，因为我们的检验工具不行，我只拿着一个手摇式离心机和一个显微镜！手摇式离心机是用来做血液或者尿液分层的，它的下部有个底座，底座上有手动摇柄，它的上部一边牵拉着一个金属筒，金属筒里有试管。检验的时候，在一边的试管里搁上血液或者尿液，在另一边的试管里搁上水，让两边保持平衡，然后用手摇动手柄，让金属筒转起来，利用离心力，把固体物质沉到试管底部，最后把上清液倒掉，把沉淀物搁到玻璃片上用显微镜检查。这手摇式离心机不行！现在的电动离心机起码每分钟三千转，手动是不可能达到这个速度的；那个显微镜也看不出什么来。所以我去过几次，什么也没发现，有时就是打上井水来看看里边有没有细菌，但菌检是不可能的事儿，就等于把水沉淀了一下。

我还去过王快水库，到那儿去检验伤寒。当时王快水库还在修建，有很多工人，如果那里伤寒流行起来，就会很麻烦。接到任务以后，我马上带着检验仪器和一个铁箱子，赶往火车站，准备坐火车去。可是到了火车站之后，我却遇到了麻烦。因为我带的铁箱子里装着检验用的酒精，酒精是易燃物品，人家不让我上火车。后来经过跟车站协调，与定县（今河北定州）联系——王快水库在定县——他们才让我坐着一辆平板货车去定县。平板货车是没有车厢的，火车一开起来，可想而知，那是什么风啊！我抱紧胳膊，蹲在平板货车上，在夜间赶到了定县。因为那是紧急任务，必须马上就去，所以赶上什么车就坐什么车。

到了王快水库工地之后，我的工作是把每一位工人的大便都做一次培养，为的是控制伤寒。做培养有专门的培养箱子——保温三十七度的箱子。当时工地上一共有一千来个人，我一个人做检验，还要自己做培养基，就这样在那儿待了一冬。工地是封闭的，工人们住的都是席棚子，没有电，我住的是医院的一间房子，但我们吃的是一样的。我们那时候吃的东西，现在的年轻人都没见过。吃的什么呢？全麦粉的馒头。那时候的全麦粉跟现在的可不一样，小麦用小钢磨磨了以后，渣渣沫沫的不过箩，所以用全麦粉蒸出来的馒头像刺猬一样，个头儿特别大，但我们吃得还挺香。当时我并不觉得苦，也不觉得累。人是有从众心理的，大家都这样，你干吗搞特殊啊？工人们都吃，你怎么不能吃？

我也没有担心过自己会被传染伤寒，或者被哪些细菌感染，没有想过这些，因为我干的就是这个工作。当然，我们医院里的条件比那儿要好一些，但当时我们都服从组织安排，上级派谁去谁就去，毫无怨言。

我还出差去过安国，那是跟着同事们输血去。医院派我去是为了鉴定血型或做交叉配血试验，看看受血者和供血者的血液是否相合。那次出差还挺危险。当时是晚上，司机开着一辆吉普车拉着我们去，开到半路上，司机打盹儿了，把车子开得晃来晃去。我们赶紧让他停车休息一会儿再开，如果翻了车，我们这一车人的性命都有危险。

调往防疫大队和天津专区医院

我在省医院待的时间不长，1950年，我调到河北省卫生防疫医疗大队[5]了。可当我到了杨柳青的时候，这个卫生防疫医疗大队已经搬到了天津青县[6]，我就又坐火车到天津青县。时间不长，卫生防疫医疗大队又回到了杨柳青，变成了实验区工作队，

[5] 河北省卫生防疫医疗大队始建于1949年11月，当时设三个中队，分驻沧州、天津和唐山，大队部设在天津浙江路202号。1950年7月，大队部迁至杨柳青镇小王庄村；9月，迁至保定市裕华路安祥胡同21号。1951年，卫生防疫医疗大队改称卫生防疫大队。1953年3月4日，河北省卫生防疫站正式成立。

[6] 青县现在隶属河北省沧州市，当时隶属天津，而天津隶属河北省。

那时都建卫生实验区！我们工作队改良了几口水井，建了几个公共厕所。不久，工作队变成了杨柳青镇卫生所，大部分人都走了，我留在了卫生所。

当时卫生所人很少，所以有时候也让我出诊，我觉得这不是长久之计。于是，我就给河北省卫生厅的陈厅长写信，当时我在省医院化验室的时候，他是省卫生厅的处长。在信里，我跟他反映我在卫生所没什么事情可做，陈厅长把我调到了胜芳[7]。那时候天津专区医院在胜芳，我跟那儿的人对调了一下。

王琦老师那时候已经毕业分配到了那儿，是口腔科唯一的大夫，我们就认识了。那时候，我们常常一起参加政治学习、开会，逐渐熟悉起来，互相有了好感。

我和王琦老师是在胜芳结的婚，但我在胜芳待的时间也不长。因为我给省卫生厅陈厅长写的那封信继续在起作用，我又被调回保定了。

往保定调的时候，我的目标就是回到省医院。那时候，省卫生厅跟我商量，说想让我到保定市第二医院，我说："我不去，那儿我不熟悉。"

我也给耿士庸写过信，让他跟米毅院长说一说我的情况，米毅院长对于技术人员，不管是大的小的人才，都极力地搜罗，所以就答应我回来了。

调回省医院

我是1952年回到省医院的。等我回来的时候，我们医院的化

[7] 胜芳现在隶属河北省廊坊市霸州市，当时属于天津。

验室已经有十几个人了。

我觉得这时候我能够施展我的拳脚了。回来以后，我在检验科首先开展了几项工作：康氏反应、瓦氏反应和细菌培养。这些工作都很麻烦的，整个过程都要亲力亲为，不像现在，都有成品或者给配送。原料要自己去买，做培养基需要牛血清，我们就等到人家杀牛的时候拿着容器去接；做抗原需要用牛心，我们就去买牛心。试剂也是自己配。我们还自己做抗原，先去掉牛心上的脂肪，只留肌肉，然后用搅拌机把肌肉磨碎、搅烂、摊开、吹干，为此我们特意申请买了个电扇。干了的肉碎还要磨粉、过筛、去脂。最后，用乙醚再洗一次，再吹干，制成粉末。这个粉末，就是实验用的抗原。化验的时候，看看人的身体里有没有对抗这种细菌的抗体，如果有梅毒，就会产生这种抗体。我们还用绵羊、兔子做实验。

我在巴斯德化验所的时候见过这些试验的方法和过程，但在那儿没有亲手做过。回到我们医院化验室以后，我开始动手实践，亲自去做这些试验。如果试验遇到了困难，就自己想办法解决，一个是多练、多摸索，另一个是上旧书店买相关的书来看。

上学的时候我就对数理化比较感兴趣，这些科目考的分数也比较高。做这些实验的时候，要进一步学习化学，我曾经在医院里以工会的名义建立了一个业余的学习班，组织化验室的人来学习化学。老师是现成的，那时候我跟我们职工医学院的一位化学老师一起下过乡，所以请他来上课很方便。我还找了一些适合我们学习的教材。当时和我们一起下乡的还有一个皮肤科的护士，我们三个人一组，负责给那里的人看病、治疗。

60年代的时候，我们检验科接近二十个人了；80年代的时候，科里来了不少中专毕业生。80年代以后，医院的历史和故事，就由比我们更年轻的人来回忆吧。

王琦：我工作这样执着，是因为喜欢这一科

一、在家乡读书

我是天津市人，生于1927年。父亲在天津铁路局工作，是局内的职员，待遇比较好，工资比较高，所以我小的时候没受过什么挫折。天津铁路局那时候有员工子弟学校——扶轮小学、扶轮中学、铁路学院，三级都有，培养出来的学生就是铁路的人了。他们还有铁路医院，也都在单位附近。到了该上学的年龄，我就上扶轮一小去了。这个学校特别好，我们上学都不花钱。那时候铁路是外国人经营的，所以经费什么的都挺充足。

我们铁路局的学校比较大，而且漂亮。马路这边是小学，马路那边是中学。中学我没进去过，我那时候小，才上一、二年级。从外面看，中学的房子比小学的好，院子也大，还有操场。

我上小学的时候，每个学校都有童子军，那是之前传下来的。童子军各队有各队的名字和队服，队服上有各自的标志。童子军还有警绳和警棍，每天早晨在学校大门口站岗。学生到了五、六年级的时候才可以正式加入童子军，我上三年级的时候，日军入侵天津，所以我没当过童子军。

日军把扶轮一小、扶轮中学和铁路学院全占为兵营了，我

又到扶轮二小接着上小学。我们小学的老师和校长都是中国人，日本人接管了以后，原来的校长当了老师，我们的课程中也加了日语。

小学毕业以后，我就到我们家附近的究真中学[8]读书。究真中学离我们家不远，是美国基督教公理会在天津创办的教会学校，有附属仰山小学和女校。我上究真中学的时候，学校也由日本人接管了，有一位美国女教师教我们英语，也有日语课。可不管是日语还是英语，我都是半瓶子晃荡，学得不好。

究真中学一个学期的学费是两袋白面——那时候流通的货币是银圆——我记得一袋白面值两块银圆。当时，白面都是进口的，因为咱们国内还没有面粉公司。

父亲在世的时候，一个月挣七十块银圆，在当时算是赚得多的。除了工资之外，局里每月还给他们发煤票。夏天的时候，我们就把煤票卖了；到了冬天，我们早早儿地就把煤卸家里，生起火来。后来，我父亲因为心脏病病故了。父亲病故以后，家里的生活来源没有了，我就辍学了。

二、接触牙科

辍学以后，我的一个朋友，也是我的同学，介绍我到一个私人医院工作。医院是日本人开的，叫小松崎牙科医院[9]。我的这

[8] 究真中学名字意为“探究真理”。七七事变后，学校停办；至太平洋战争爆发，学校由日伪政权接管；后由国民党政权接收，恢复校名并复课，男女合校，校长为李清贤。天津解放后，究真中学更名为第三十中学。

[9] 小松崎牙科医院开设于1905年，院长为小松崎千代。

个朋友原来在那儿上班，后来她到别的地方去了，就介绍我到那儿去工作。

在小松崎牙科医院做护士，一个月只给几十块钱工资，我觉得太少了。后来有人告诉我天津邮政总局要招两个话务员，我就考去了。当时我不知道什么叫话务员，也不知道话务员怎么工作，竟然考上了。另一个考上的人叫李琴芳，她做过话务员。到那儿以后，李琴芳告诉我哪里是外线，哪里是内线，教给我怎么接线。我们俩挺说得来，感情也不错。后来李琴芳和邮电局的一个人闹矛盾，去了东洋海运公司，还是做接线员。东洋海运公司是一个日本人开的公司，人不多，我俩通过外线还能联系上。她说东洋海运公司的待遇更好，工作也比较清闲，建议我也到那儿去。

天津邮政总局当时除了给我们发工资之外，还给发多半袋粮食（玉米面之类的粗粮）和一堆烟卷儿，这比小松崎那儿的待遇要好。可是东洋海运那儿除了发工资，一个月还发一袋儿白面。当时是日本人统治末期，天津没粮食，人们买粮食就得上粮店排队去，排上队了，店员就在你胳膊上写上号儿，有了号儿才可以买粮食。要是排不上号儿，你这一天就没有粮食吃了。粮店有豆饼、花生饼，还有混合面儿。

母亲只是一个家庭妇女，父亲去世以后，她没有经济能力，我得挣钱养家。那时候年龄还小，别的也不懂，只觉得哪儿发的钱和东西多，能解决家里的问题，我就到哪儿去上班。除了这个，东洋海运那儿还清静。天津邮政总局是一个大机关，内线儿多，工作量就大，所以我就辞去了邮政总局的工作，到李琴芳那儿去了。当时邮政总局人事处的处长是个老头儿，长得跟个老寿星似的，还劝我不要走，说："你又没有爸爸了，在这儿，你不辞它，它不会辞你，就像有个铁饭碗似的。"

东洋海运那儿的工作量确实不大，我和李琴芳轮流上台接线。闲暇时间，我们就在榻榻米上躺着学习或者看小说。那时候我们看的都是古典小说，比如《红楼梦》。那时候的《红楼梦》都是拿线装订的，外头包着一个硬壳，搁一个小骨头针儿一别。日本投降以后，东洋海运关门了，李琴芳去了天津钢厂，我就没事做了。但不能总闲着吧，我就又到小松崎牙科医院那儿去了，想重新找个工作。他们那儿正好缺护士，院长很愿意让我去。这样，我又回到了小松崎牙科医院。那儿有一个做牙的中国技师，叫金孝忱，我上班以后就跟他学做牙。

抗战胜利以后，这个牙科医院被国民党接收了，改成了天津市牙科医院，搬到了马路对过儿一个大的楼房里边。1949年1月天津解放以后，医院被共产党接收。

我在小松崎医院初次接触到牙科，开始学做牙，这为我以后从事口腔专业打下了最初的基础。

三、在河北医学院求学

天津解放以后，河北医学院新成立了三个大专班：牙科班、眼科班、医生科班。在这之前，河北医学院没有这些专科，都是本科。牙科，现在改称口腔科；医生科，培养全科大夫，也就是以前人们说的万金油。

1949年10月1日，新中国成立，国庆结束之后，这几个班就都开学了，我被推荐去牙科，分在了第一班。我们的学制是两年，那时候国家急需人才，也就急着培养人才。我们上学时，河北医学院还在天津；1952年，它迁到了保定，地址就在北关医院那儿。

四、分配到天津专区医院

1951年从河北医学院毕业以后，我被分配到天津专区医院，这个医院是地区级的。当时天津专署在杨柳青，天津专区医院在胜芳。我们上学时有一个口号，毕业以后听从组织分配，哪儿需要就到哪儿去。当时咱们河北一共有十个专区医院，我们全班同学也就十几个人，毕业分配的时候，基本上是一个专区医院分配一个我们同学。我是天津市的，又是个女孩子，学校就照顾我，把我就近分配到了天津专区医院。我们班也有天津籍的男生，但男生就分远了。

筹建牙科

每个专区医院的条件都不一样。虽然我也想过天津专区医院的条件不会太好，但真到了以后，一切还是出乎我的意料。胜芳是一个镇，街道全是土路。医院是个两进院子，一个院里是门诊和行政科室等，一个院里是病房。门诊部分是一个科一间房，一共六个科，所有的房子都是平房。

我到医院后，要筹建牙科。因为河北省这十个专区医院当时都没有牙科，牙科的设备、医疗器械之类的也都没有。

我们毕业的时候，学校分配给我们这十个要去专区医院的同学一人一套牙科医疗器械和一张治疗椅子图，让我们到医院建立牙科，开展工作。当时，治疗椅子挺贵的，而我们国家还不富裕，所以学校就给我们每个人画了一张图，让我们带到医院，交给院方，让院方照图给我们做一把治疗椅子。

天津专区医院给我做了一把木头的治疗椅子，还给我配了一个护士，牙科算是建立起来了，我开始开展工作。那时候牙科病人并不多，没事儿的时候，我就去别的科室帮忙，让护士在屋里待着。哪个科室忙我就上哪个科室去，比如内科的病人多，病人来了都得试表，我就帮他们试表。工作了一段时间之后，医院评我当了劳模，发给我一些笔记本之类的奖品。

那时候，我虽然是大夫当中的头一个大学生，但我这人没有架子。当时眼科有位大夫，是个老头儿，他老“批评”我说：“你是个大夫，可你一点儿架子都没有。”我那时候也年轻，才二十几岁，刚毕业，还跟他开玩笑说：“大夫的架子多少钱一斤呀？”

供给制与薪金制

当时，这些专区医院是部队的医院，工作人员都是部队转业下来的，没有大学学历，他们的待遇按供给制。供给制也是发钱，按小米儿算。但同样的人，不同的情况，供给不一样。单身时供给就少；结婚了以后，每个人的供给就比各自单身的时候多一点儿；要是生了一个孩子的话，供给就更多一点儿；要是生了两个孩子，不仅供给更多，还给保姆费。1951年我大专毕业以后，一分配待遇就是薪金制，这在专区医院是头一个，工资每个月是一人四百斤小米，其实是给四百斤小米换成的钱，也就是四十块钱，按一斤小米一毛钱算。工作一年以后定级，工资涨到了七十块钱。虽然单身，但是我工资很高，别人特别羡慕。

与刘竹溪老师相识

在天津专区医院，我认识了刘老师[10]。

刘老师到了胜芳医院以后，我们在一个大院子里住着，就是门诊在的那个院子。他好像是在北屋，我在东屋。我那个屋里有两个妇产科的大夫，都是部队培养的，他那屋就他自己。另外两边，一边是医务科主任一家子，一边是药房。化验室跟药房在一边，我和他每天都能碰头儿。

专区医院的大夫大都是部队医院培养出来的，他们的衣着打扮、说话方式、生活习惯等，都和我们不一样。环境不一样，人就不一样。比如说，有时候城里的人和农村的人说话，互相就会说不通，这不是一方的问题，是环境不同导致的人的思想和思维方式的不同。天津专区医院的人的思想也和我们不一样，他们看城里人穿得特别，就会笑话。我刚去的时候，特意把头发编成两个小辫儿盘在头上，穿着布鞋，为的是显着朴素。到了医院以后，我也一直没敢穿我的皮大衣，因为我看到胜芳那里没有一个人穿皮大衣。城里那时都是穿皮大衣的，我也带着我的皮大衣呢，但我没有穿，只当被子盖。要是在天津，我的辫子、衣服和其他生活用品，都是土的，可是到了胜芳以后，我还是显得跟别人不一样。

刘老师也是从天津过去的，他还在巴斯德化验所上过班，那是外国人开的，所以我们两个人的生活习惯、审美，没有太大差

[10] 刘老师即爱人刘竹溪。

距，比较合得来。另外，医院里其他人都是有家属的，下班以后就跟家人在一起。我们俩怎么办呢？所以有时下班以后，我们也在一块儿待着。这样每天见面、说话，我俩自然而然地就确立了恋爱关系。

五、调到省医院

我在天津专区医院一共待了小两年，1953年，米毅院长把我调到了省医院。

当时，刘老师已经先调回来了。他回到省医院以后，科里的同志就跟米毅院长反映我们俩的关系，米院长就把我也调过来了。米毅院长那可真是技术院长，也是真爱才！他从天津杨柳青专署发了三个调令，才把我调过来。那时候，天津专区医院缺牙科大夫，不愿意让我走。一个调令下去，那边不理，不放我；又发一个调令，又不放；到第三个调令，不知道是怎么回事儿，专区医院那儿就不敢不放了。院领导跟我说："不行啊，得让你走了，我们实在扛不住了。"

就这样，我来到了省医院。

老院印象

当时，省医院还在老女中附近的那个小胡同里，这个小胡同在南大街路西。我们搬出来以后，妇幼保健院搬进去了。这个胡同叫什么名字我记不清了。南大街和北大街现在合在一起叫莲池大街，属于莲池区。我们把这个时候的省医院叫老院。

老院的规模不算大，当然要比专区医院大一些。

老院的布局跟天津专区医院差不多，也是一个院儿套着一个院儿的，但比那里多一进院子。大门的右侧挂着医院的牌子，牌子上写的是“河北省医院”。大门里头，一边挂号，一边收费。第一套院子里边是门诊、内科、外科、五官科、妇产科和一间药房；第二套院子，进门儿是个门洞，右手边儿是化验室；再后面，就是病房等。

老院一共有六个科室：五官科、妇产科、外科、内科、放射科和皮肤科，口腔科、眼科、耳鼻喉科当时都属于五官科。老院的设备，现在看来非常简陋。

放射科的辅助设备就是一个X光机，没有别的。内科只有一个听诊器，一个血压计，连个心电图都没有。刘老师他们化验室[11]的吸管和显微镜之类的都要手工操作，比如查血常规，化验员要在显微镜下去数红、白细胞的个数，不像现在一摁电钮数据就都出来了。

口腔科，我来的时候只有一张治疗椅子、一个脚蹬机器和几件治疗器械。所谓治疗椅子，其实是一个理发用的、很笨的大方椅子。治疗器械只有三把镊子、两个口镜、一把探针。按说像探针、镊子、口镜这些东西都是病人一来就得用的，应该多备几套，特别是探针、镊子，应该一个人换一套，可当时不具备这种条件。

我来之前，口腔科已经有了一个男大夫和一个女大夫。我来了以后，科里一共有三个人了。当时省医院口腔科的大夫都是大学毕业的，都可以单独看病。我来了以后也就开始按部就班地工

[11] 指化验科。

作。可是三个大夫只有一张治疗椅子，别的病人来了我们怎么给他们看病呢？我们就拿一个普通的木头椅子挨着墙放好，让病人坐在这个椅子上，把头靠在墙上，然后我们弯着腰斜着身子站在病人旁边给他看病。我们给病人治牙的时候，脚还不能闲着，得蹬下面的机器，机器转动起来，我们才能钻病人的病牙。

当时医院里没有职工宿舍，医生和家属都住在医院外头。医院给职工们在外边租了民房，是一个个的小院子。职工和家属们就住在这些民房里，哪儿有地方就住在哪儿。后来有了家属院，人们都挨着住。我调来了以后，我们也住在医院外边的一个小四合院里。这个小四合院的南北两边是单身宿舍，东西两边住了我们一家和外科主任一家——外科主任的妻子也在化验室上班。

尽管老院各方面都很简陋，但当时在河北省的医院里已经算是顶级的了。

迁到现址后的变化

1954年10月，省医院就搬到现在的地方了。这里当时是市外，都是土路。医院四周全是菜地或者庄稼地。那时候，从火车站向东，体育场到电影院这一段算有马路，再往东走，就全是土路了。我说的电影院指的是保定老电影院，在现在北国商城那片儿。

我们搬过来以后，省医院的建设和在旧址的时候相比是天壤之别。医院里的建筑已经是两层楼了，并且是前后两栋。两栋楼中间有走廊，连起来是个“工”字形。

前头这栋楼，一层整层和二层的西边是门诊，二层的东边是院部，行政科室、院长都在那儿。后面这栋楼里是病房。

搬过来以后，医院上了不少新设备。我们口腔科也添了两台进口的设备。这设备就漂亮多了，灯有了，电动机器有了，上下水道也有了。此外，我们科里也有了正式的护士，我们工作起来就省事多了。

我成了口腔科的负责人

搬过来以后，我们口腔科比我先来的那两个大夫都调走了。那位女大夫也是河北医学院毕业的，是我的下一届。她爱人是河北医学院的眼科大夫，河北医学院迁往石家庄的时候，她和河北医学院口腔科的一个单身大夫对调了一下，跟着她爱人一起走了。对调的大夫来了以后就留了下来。后来，我们这儿又来了一位上海第二医学院毕业的大夫。这样，口腔科还是有三个大夫，但这时候工作就不能像在老院那样简单了。口腔科就由我负责开展新的工作。

我们要在科里开展牙齿修复工作，就是镶牙方面的。我想让医院给我们派一位专业的大夫以增加业务人手，但院里只给我分来一个护士，那我就自己培养吧。我先把她送到河北医学院学习了一年，因为当时她对口腔科的专业知识一点儿也不了解。然后，我又把她送到天津口腔医院去学习，提高专业技能。经过两年的学习，这个护士成了技术员，她的专业工作开展得挺好的。另外，我向医院申请，购进了一台口腔科专用X光机。

有了人员，有了设备，各种工作就开展起来了。那时候，我们科的病人真多啊，直到中午十二点我们也下不了班。当时，刘老师也挺忙，我俩都没有时间管家里的事儿。

忙碌的一天

五六十年代那会儿，我们每天工作都特别紧张。白班是早上七点多到医院，夜班是晚上八点开始上班。晚上不上班的人还要开会，每天晚上都要开。

管病房的大夫每天早上去了就得查房，晚八点也必须查房，但他们不能全天都在病房坐班儿。他们把病人安排好以后，白天出门诊，晚上值夜班。

搞教学的大夫，一天也排得特别满。有课去上课，没课的时候就到医院上班。其他大夫也是忙忙碌碌的，经常是值完白班值夜班。

那时候没有人领夜班费，倒不是医院没有，只是我们都没领过，人们只知道拼命地干，没有想过别的，虽然也觉得特别累。就这样，我们干了一年又一年。

我们科要求我们七点半到，到了之后先搞卫生，大夫都要把自己的机器、设备擦了。那时候，我们科的三个大夫一天门诊看一百多个病人，远远超出了医院规定的工作量，每天中午、晚上都得加班。中午的话，我们一点半下班是早的。我家请了保姆给做饭，我到家吃了饭就赶紧再去上班，有时候看一小会儿孩子。中午在家最多有一个钟头的时间，没有时间休息。下午医院五六点下班的话，我们得七点才能走。看不完的病人啊！

现在咱们国家实行五天工作制，每星期让休两天，赶上别的假期，还可以倒休。我们可没有放过这么长时间的假。平常，只有星期日休息一天。那时候的产假是四十六天，在生产以前，谁也不敢休息，要是产前休息了，可能出不了满月就得上班。

我和刘老师都没有时间管孩子

我的大儿子是1954年出生的，当时我们医院已经搬家了。因为我和刘老师都没有时间管孩子，我的母亲不愿意来保定，刘老师的父母都不在了，我们只能请保姆。1958年前后，国家每月供应的粮食，一岁孩子八斤，两岁孩子十斤，刘老师是二十八斤，我们口腔科大夫和外科大夫粮食供应稍微多一点儿，是三十一斤。因为我们请的保姆是一位十几岁的小姑娘，她正长身体，吃得挺多，这样每月的粮食就不够吃了，刘老师还得上街道办事处去批粮食。

后来我们就养不起保姆了，只能把孩子送幼儿园，当时孩子才三周。然后，我们俩就在医院吃饭，用饭票买。我们一人买一盆儿大米粥——碾碎的大米熬成的粥。这粥不解饱，一会儿就饿了。

当时国家号召妇女当英雄母亲。新中国成立之后，咱们国家才四亿多人，人员比较少，所以要求妇女向苏联的英雄母亲学习，多生孩子。那时候我国各方面都向苏联老大哥学习。有一次，米院长到我们科里去了，拍拍我的肩膀说："你就不再要一个女儿了？"我说："不要了，弄不过来。"当时，我已经有了两个儿子，哪有时间再要孩子呀！

到阜平东下关医院下乡

"6 · 26"指示发出以后，我们医院组织了一个三十人的医疗队，下乡去阜平的两个战备医院。一个是东下关医院，一个是沙窝医院。这两个战备医院都在阜平的山里头。

这三十个人，各个科室的都有，一般都是科室的骨干、主任、副主任和主治大夫。当时人们都是带着户口下去的，以为不能再回来了。我们是1970年11月24日到的，我被分配到了东下关医院。

东下关医院建在“主”字峰后边，一共三排房子。第一排房子前头有一个沟，三排房子的地势一排比一排高。我记得第一排房子是门诊，第二排房子的东边是手术室，西边儿是单身宿舍。当时带家眷的都住到附近的村子里去。我们住的村子是东下关和西下关。村里的老乡给腾出一间房子来，下乡来的大夫一家子就住在这一间房子里。

战备医院的工作形式和市里的医院不一样，那儿的老乡讲究有病了请医生去家里，所以我们经常出诊。山里头的老乡家，最近的离医院也有三五里地。五里地左右还无所谓，医生能当天去当天回，可要是进到更远的山沟儿里，医生当天就回不来了，还得在老乡家住下，转天再回来。战备医院也不像城里医院那样分科清楚。我们去的这些人，内科、外科、儿科、口腔科、耳鼻喉科、放射科、检验科的都有，虽然都是某一科的专家，但到那儿以后都成了全科大夫。比如那儿的病人看内科的最多，可内科的大夫只有两个，如果还需要出诊，那别的科的大夫谁赶上谁就下去。

我在东下关医院待了七年多，一直到1978年才回来。下乡以前，我是口腔科的负责人，走了七年多，科里的负责人换成了别人。

加入九三学社

我是九三学社社员，并且是保定市第一批九三学社社员。

有一天，我下班以后，我们医院的医务科主任和我一块儿走。那时，我们两个科室挨着。医务科主任跟我说："你参加一个学社吧。"我问："什么学社啊？"他说"九三学社"，并说这是米院长指示和通知的。后来我才知道，当时是米院长先找到这个医务科主任，然后这个医务科主任才找到我的。

当时，我们医院刚搬过来不久，院里还没有民主党派。我不知道九三学社究竟是干什么的，就问那位医务科主任，他当时也不知道，只跟我说："说它是学社，那就是学术组织呗。"他还告诉我，保定的九三学社是在河北医学院成立的，里边都是医务界的人，而且多是高级知识分子，河北医学院的不少教授都参加了。他说的那些教授里，有我在河北医学院上学时教我们的解剖老师、药理老师和生化老师。

我一听是学术组织，而且里面有不少我的老师，我就参加了，大概是在1955年[12]吧，1954年10月我们医院迁址，这是医院迁址以后的事儿。

等到开会的时候，我一听不是那么回事儿，才知道九三学社是我们国家的一个民主党派。

参加了九三学社以后，有一次市政协召集各民主党派代表参加座谈会，我被派去了。那个时候我才二十几岁，又有股冲劲儿，组织叫我去我就去，去了我就发了言。发过言以后，九三学社的秘书长就跟我说，你这么年轻就这么有想法，政协相当欣赏

[12] 1956年9月23日，九三学社中央保定直属小组建立。

你。其实，那时候我只是九三学社的一个普通社员，后来有人通知我让我当政协委员。再后来，我做了九三学社保定市委主委。退休以后，九三学社的活动我就不去了，可是，九三学社保定市委每到过年都来慰问我，也一直给我寄九三学社的社刊。

我是保定市第五届、第六届、第七届、第八届政协委员。1983年，我当选为河北省第六届人民代表大会代表。

我当省人大代表、市政协常委和委员的时候，每年都写提案，履行参政、议政的责任，直到退休。看到什么问题或者有什么想法，我就提什么，当人大代表、政协委员的责任是这样，当九三学社的社员和主委的责任也是这样。

退休以后，这些活动我都不参加了。

河北省第六届人民代表大会

代表通知书

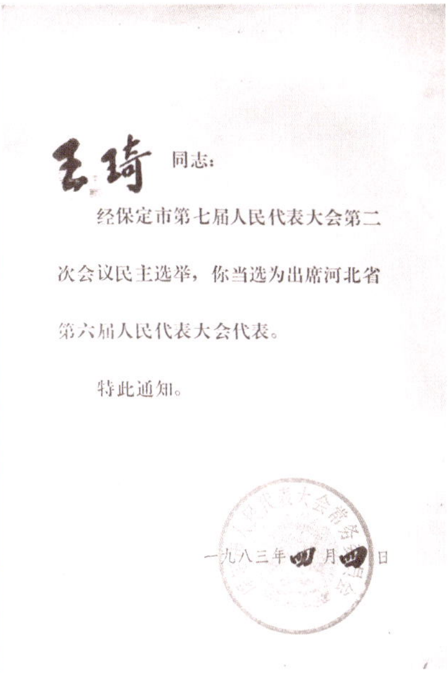
王琦 同志：

经保定市第七届人民代表大会第二次会议民主选举，你当选为出席河北省第六届人民代表大会代表。

特此通知。

一九八三年四月四日

▶ 河北省第六届人民代表大会代表通知书封面及内页

我们医院的好作风

我上班的时候，医院倡导的服务态度和实行的管理制度挺好的，一些优良的作风值得发扬。

那时候，大夫一切都会为病人考虑，医院也特别重视服务态度。医院要求我们，农村百姓来看病的话，要是花一分钱能看好，就不能让他们花两分钱，因为他们来看一次病不容易，有的是卖了粮食来看病的。那时候病人住院，家属不能陪床，只能探视。每天下午三点到五点是探视时间，探视病人的家属要按点来，到点走，病人等于完全交给医院了。每天早晨，卫生员负责给病人灌暖壶、打洗脸水，伺候病人洗脸。到开饭的时候，饭就送到病人床头了。病人吃什么药是护士管，病人其他的事情也都是由护士做，比如拿大便器、小便器，洗头发等。后来，随着医院的发展，病人越来越多，护士服务一切的规定难以实现了，医院才要求家属陪床。

那时候医护人员和病人的关系挺和谐，患者对医生必须尊重，医生对患者必须亲切。后来医院也是这样规定的，但人们做得好像不行，这样对医院和患者都不好。

那时候病房的管理制度特别严格，这方面我印象深刻的有两点。一是保持病房安静，不能大声喧哗。我们搬到这个医院以后，病房里挂着“静”字，不许人们大声说话。大夫轻声细语，病人和家属一看，医护人员都不那么大声说话，自己的说话声也就小了。在病房里，护士都要穿白鞋、白袜子，并且鞋底儿要是软的；大夫穿什么颜色的鞋都行，但也得是软底儿的，为的是走路不发出声响；病房里的椅子腿儿上都必须钉上胶皮，不能出声儿。

另一个是必须在病人床头交班。比如甲大夫要下白班了，乙大夫来上夜班了，不管他们两个多么熟悉，都必须到病人床头交班，犯了错误要受处分。有一次，我正上班呢，院党委叫我上楼到党办室去。下乡回来以后，我们口腔科已经换了领导，我心里挺纳闷儿的，党办找我什么事儿啊？等我看完病人上去以后，院长和院党委书记都在办公室里，他们跟我说，病房发生了点儿事儿，病人家属有意见，想问问我对这件事的看法。是怎么个事儿呢？我们科里有两个大夫，是一对夫妻，交班的时候没有到病人床头，只是在俩人见面的时候交代了一下病人的情况。病人家属对这事儿有了意见，医院领导要处理这件事情。我认为，这两个大夫的确是有错误，错在忽视了正规的交班仪式，应该予以处分，但他们的确交班了，也没影响夜班治疗和病人的病情，怎么处分呢？只是批评批评，病人不答应；给记过处分吧，又太严重了。我就提出了扣他们一个季度奖金的建议。那时候我们口腔科的奖金一个月才几块钱，扣一季度的话也就十几块钱。这样既处分了他们，也不影响这两个人发展。

那时候，医院要求提高病房的床位使用率和周转率，对门诊则要求减少复诊率。当时，大夫们都非常服从管理。

那时候科里还常常组织学习。门诊星期二下午是政治学习，星期五下午是业务学习。业务学习就是本科的大夫培养本科的护士和技术人员，目的是我们这些大夫忙不过来的时候让他们顶上。这些学习都是医院组织的，各科室都实行起来。政治学习是全员一块儿学，业务学习是各学各的。像刘老师他们检验科就是单科组织，我们是和眼科、耳鼻喉科一块儿学习。

退休和返聘

我六十岁时退的休，那是1987年。

工龄不一样，退休以后的工资就不一样。有些人拿百分之八十，有些人拿百分之九十，我拿全额工资，因为我是新中国成立前就参加工作的。按照国家规定，新中国成立前参加工作的退休以后工资是百分之百，但因为我在那个医院享受的是薪金制，不是供给制，所以我不算离休。

退休了以后，院里又返聘了我，给我发了返聘书，我就接着上班儿，一直干到1997年。实际上到1996年的时候，我就不怎么正常上班了，一个星期去几次，主要是腰支撑不了了。上班的时候，腰上得带一个钢卡子，卡子上面有十二根钢条，没有这些钢条撑着，我的腰就直不起来。下班以后，我就弯着腰待着。那时候，院长是董俊洲，一见到我就说："赶紧上班去吧。"党委书记也问我："怎么样，腰好点儿了吧，好点了还去上班吧。"我虽然非常热爱我的工作，但因为身体状况，我实在干不了了。七十岁的时候，我真正退了下来。

我的腰早就弯得很厉害了，现在更是，这叫腰椎侧屈。现在要让我直起腰走，我走不了。我拄着拐，就是为了架住我的腰，不让它吃劲儿。这样的话，我这个腰还能动弹。

年轻的时候，我的腰没事儿。现在口腔科的大夫都是坐着看病，机器也是电动的。我们以前全都是站着，大夫没有坐的东西，刚搬到这头儿来的时候站着看，从阜平回来以后还是站着看。我们工作起来都是斜着身子站着，左腿支持着身体，右腿蹬机器，腰一直侧弯着，所以我的腰越来越弯，越来越弯……现在我坐一般的椅子要拿两个垫子垫在后边卡着我的腰。上班时，我常在马路上看见一个老先生，他是保定四中的一位退休老师，腰都弯成九十度了。那时我常跟刘老师说，将来我的腰也得成这样。现在可不就直不起来了！

估计现在我才一米五多吧，我以前可是一米六七的个子。在小松崎牙科医院的时候，人们都叫我“大个子王”。从老院到新院，我也属于高个儿，而且我的穿着也有点儿与众不同，所以那个时候，有同事老说我比较洋。我和刘老师只要出门，俩人全换衣服，回来以后再换上家居的。有一次，杨建坤大夫就说我们：“怎么，二位上飞机呀？”那时候我俩去买粉碎机，售货员就说：“您二位是大学教授吧？”我们两个人个子都比较高，穿戴也比较讲究，所以让人觉得有点儿跟一般人不一样。

六、给医院的建议

从1953年调到省医院，到1997年真正退下来，我一辈子都给了医院。我工作这样执着，是因为喜欢这一科，拄了这个拐棍啊，也是因为我喜欢这一科。可以说，是我们这一批八九十岁的人把这个医院创立起来了。我们医院的名气为什么这么高？就是我们干出来的。

我给医院的建议主要有两个：一个是希望医院的领导或科室主任，要想方设法培养人才，发挥人才的作用。科室领导要尽量创造机会，帮助别人进步或者晋升，不要压制人才。再有一个就是医院各个科室的人要团结协作，不要搞帮派主义或者小集团，同事之间要互相尊重。不管是哪个学校毕业的，都要各取所长，互相协作。科主任也不要以为自己是科室的负责人，或者自己是主任级别的大夫，就不尊重或者看不起一般大夫。比如主任查房，住院大夫得跟他交代病人病情，科主任不能在病人面前大声责备住院大夫。住院大夫有做得不对或者不好的地方，可以对他们提出要求或者教给他们。再比如，科主任在门诊不能当着门诊病人大声嚷门诊大夫。科主任这样做的话，病人对自己这个负责大夫怎么看，还能信任他吗？尊重都是相互的。别的大夫应该尊重你，但是你也要尊重别的大夫，尤其是在病人面前。

随着社会的发展，医院也发展起来了，各方面的辅助手段，医疗器械、设备，也就都上来了，医院也比以前更强了。

访谈后记

刘竹溪老师和王琦老师作为省医院的一对伉俪，共同见证了省医院从20世纪50年代初到90年代的发展历程，如今依然关心着它的发展。的确，正如王琦老师所说，他们的一辈子都给了医院。两位老人均已年逾九旬，虽然精神矍铄，但出行还是不方便，也很少外出了。所以，我们的访谈一直在两位老人的家中进行。

和刘老师联系好之后，我们在2018年8月底对刘老师进行了第一次访谈。刘老师出门迎接了我们。老先生非常和蔼，走路比较缓慢，但精神状态很不错。领我们走进客厅以后，刘老师介绍说，王老师现在腰不好，走路需要拄着双拐，所以在床上躺着看报纸呢。王老师视力下降得厉害，需要用放大镜才能看清报纸上的字，但老人每天坚持读报。

第一次来老人家里，我们给两位老师带了一束鲜花。当我们想找个花瓶把花放起来的时候，发现客厅茶几旁已有一束美丽的鲜花。原来，这是九三学社保定市委为祝贺王琦老师生日而送来的。我们这才知道，王琦老师是九三学社的社员，并曾做过九三学社保定市委主委。环顾客厅，门边的柜子里陈列着王琦老师获得的奖杯、纪念品，都是对她几十年来参政议政的肯定。这些，我们在收集网络资料时都没找到，可见，王琦老师是个很低调的人。

我们先聆听刘竹溪老师讲述。刘老师总是微笑着倾听我们的提问，讲述着自己的成长经历和工作往事，有时说到有趣处，大家都忍不住大笑起来。虽然已是九十四岁高龄了，但老人的记忆力还是挺好，只是听力有些下降，有时需要我们大声重复一下问题。

第二次和第三次，我们同时访谈了刘竹溪老师和王琦老师。王琦老师比刘竹溪老师更健谈，快人快语，谈及往事，涉及家庭方面也更多一些，这让我们了解到刘老师和王老师如何相识，如何共同投身医院的工作。

两位老师你一言，我一语，回忆起过往岁月，既有留恋，也有感慨。当刘竹溪老师说，他觉得自己在省医院能施展拳脚的时候，我们感受到了那个年代人们对省医院的认同。当王琦老师说起她将来也会像保定四中的那位老师一样腰弯成九十度时，当王琦老师说到自己原来一米六七的大个子，现在估计最多一米五时，我们都不禁有泪盈眶。是呀，王琦老师不是不爱美，不是不知道自己那样辛勤工作的后果，只是“我喜欢我这一科”，只是太敬业！还让我们特别佩服的是，当我把实录稿念给王琦老师听，跟老人核对信息的时候，只要我话音一落，王琦老师就能够立刻听出里面有没有错误。这敏捷的思维！

由于访谈期间刘竹溪老师因感冒住院一次，为保证老人的健康，我们就早一些中断了对刘老师的访谈。虽然刘老师觉得没能跟我们讲述和分享他20世纪90年代在医院的工作和见闻而有些遗憾，但老人的健康更重要。我们感觉，这些历经岁月锤炼的老人，哪怕发出只言片语，对现在的年轻人都是有意义的。

于我，每一次访谈，都是一次精神洗礼。

张子征、姜静中夫妇

是同学也是同事，从高中时代定情携手到暮年相互扶持，他们用青春和真诚相伴几十年风雨岁月。

青涩的高中时代，她因为这所高中不要学费而进入学习，他初、高中连续在这所学校就读，两个年轻人的命运以这所高中为媒，在漫长的岁月中结缘相伴，直到耄耋之年。高中毕业，两个年轻人面临着专业和去向的选择，他已经可以稳妥地去念师范，她说："我从小立志学医。"他说："那我就跟你一样选择医学。"从此，杏林多了一段佳话。

张子征，男，1930年2月出生于衡水枣强。1955年毕业于北京医学院五官科专业；1955年，进入河北省医院耳鼻喉科实习一年后，正式留院开展工作，后任河北省医院耳鼻喉科主任医师；70年代，在河北省医院推行全国第一例"家庭病房"诊治方案；1979年，被聘为保定医疗事故鉴定委员会委员；90年代，采用中西医结合方法进行耳鼻喉科业务创新；1980年至2001年，担任《国外医学耳鼻咽喉科学分册》杂志的选题和组织审校等供稿工作；1986年2月，加入中国共产党，同年当选为中华医学会河北分会第二届耳鼻喉科学会委员；在河北省医院工作的同时，还在河北省保定医学专科学校任教，1987年晋升为副教授，曾撰写多篇论文，并在专业学术会议中获奖；1993年8月退休，亲自见证了省医院耳鼻喉科的建立、完善与发展。

姜静中，女，1932年生，1955年自河北医学院毕业后，从事内科诊断和教学工作四十余年，为河北省职工医院附属医院（今河北大学附属医院）呼吸科原主任。早年用中西医结合方法治疗再生障碍性贫血（简称“再障”），获得中央卫生厅表彰，入选《中国高级医师咨询辞典》；其医学研究论文在相关学术会议上交流并获奖。

访谈时间：2019年3月21日—7月17日（共三次）

访谈地点：张子征、姜静中家

被访谈者：张子征　姜静中

访 谈 者：肖　艳　张　哲

（文中所有照片均由张子征、姜静中提供）

张子征：在小鼻子小眼儿中做技术最好的大夫

一、“吃共产党的饭，我才考出来的”

我的家庭成分比较复杂，父亲从小跟着我的舅爷长大，我舅爷是共产党员；我的爷爷是北京大学经济系毕业的，当过国民党任命的唐县和宁晋县的县官。我现在仍然记得小时候，我的两个爷爷经常坐在中厅的八仙桌旁争论“到底是国民党好，还是共产党好”。

我在衡水老家上的小学，后来到北京上的中学。上学之初，老师是我的远房爷爷。农村里面的小学不分年级，大孩子和小孩子都在一个教室里上课。随着年龄越来越大，远房爷爷让我们这些“大”学生教“小”学生。我们天天在纸上把课文抄成很大的字贴在墙上，让孩子们念字学习，因此被叫作“小先生”，这都是解放之前的事情。后来我们开始用八路军的课本，纸质也不太好，平时放在砖缝里藏着，看时偷偷拿出来，读完之后再把书藏回那个砖缝里。抗战没有胜利的时候，日本人总是搜查，白天见到的是日本人，晚上见到的是八路军。那个兵荒马乱的时代，我们过的日子像拉锯似的。一说“日本鬼子来了”，不管白天黑夜，我们听到就跑着躲起来。我老家有个风俗，收了麦子之后，所有村民要集体吃顿麻酱黄瓜的面条。一天，大家刚端起碗来吃，就听到有人喊："日本鬼子来了。"我一只手端着碗，一只手拉着妹妹，一口气就跑到五里地外的一个小村子里面躲了起来。有时晚上甚至不敢在家里睡觉，爷爷看天快亮了，日本人该来了，就叫上我们到高粱地里边藏着、躲着。那时候就是讨厌日本人。

土改那年，由于我们家六七十亩地，但家里劳动力少，雇了长工，家庭成分定成了"地主"。由于我是家里的独子，奶奶听说土改会打死人，很担心。适逢我的亲爷爷从四川到阜新后，又回到了北京。爷爷把我也接到了北京，赶上当时河北中学（河北省的一所中学，甘肃抗战的时候搬到了甘肃，胜利之后回到了北京）搬到北京来了，管教务的主任是我表叔，爷爷为我和我姑姑选择了这所学校。

由于我爷爷之前做过县里的知县，他在河北省认识人多，开了个证明，给他认定成了河北省的干部。当时只要是河北省的干部子弟，上北京市的河北中学可以公费。但是入学考试怎么办呢？我的学习基础并不好，在姑姑的帮助下，我们俩比较顺利地考上了这所位于北京的河北中学。北京市里当时有一个河北高中，升学率很高，我们河北中学那个时候还没有高中。我从初二开始上的，初三时，新中国成立了。有的同学说爸爸是国民党的县长，担心新中国成立后我们这些按国民党干部子弟身份上学的学生不能继续上学；还有的同学怕共产党发现我们之前的证明都是假的而不让我们上学，我也有这样的担忧。当听到接管我们学校的共产党的领导跟我们说"一切照旧，一概不究！"时，我们心里都踏实了。当时学校一个月给我们发七块钱，五块钱的伙食费，两块钱的零花钱，一直持续到初中毕业升高中的时候，这在当时算“吃”公费上学。新中国成立后，学校里的共产党领导还宣布，“吃”公费的还照样吃。我得以继续求学是靠共产党的政策。不管怎样，我没有间断学习！

上完初中，学校规定成绩在八十分以上的免试升高中，这样我顺利地上了高中，认识了姜主任。当时我在学校是学习部部长，能说会写，经常在学校讨论的时候发言。同学们常常评价我的发言，说：“这就是一篇完整的社论，很有见解！”

姜主任是高一考到河北中学的，我和姜主任是高中同学，又都是从农村出来的孩子，两人感情很好，高中时我们就结婚了。高中毕业那年的政策是“如果是共产党员一律上师范”，虽然当时我们还是团员，学校就有人给我们做动员，动员我们上师范学校。当时动员姜主任去上师范，但姜主任家里面让她学医，她也抱定了信念要当医生。后来，我们都选择了医学专业。我报考大学的时候，第一志愿填的医学院，第二志愿报的是海洋渔捞制造。当时考学的人也少，各地缺人，我们班有很多人高中毕业就南下了。当时南方解放了，但没有领导，没有地方干部，有的同学南下之后做了地区的领导干部，但有的被当地的土匪杀害了。

二、医学院的学习

1952年，我考上了北京医学院（今北京大学医学部），前三年在校内学习理论知识，最后一年分派到各个医院实习。在校学习中，老师们实践讲得多，我印象特别深的是老师总是把手术过程讲得很细。当时梅毒引起的冠心病并不常见，我们正在上课，老师说有一个冠心病患者正在诊疗，让我们去看看这个病患者的病情和体征。

我们还会去医院里看一些解剖。医学院里一般是八年制的学生，每人能够分到一个尸体进行解剖练习。我们专科学生人数多，一般都是老师做解剖，我们在旁边认真看。老师会把神经和血管讲得很细，但我们没有自己操作过。当时因为国家急需人才，培养过程很紧凑，我们的解剖基础可能会稍微差些。

给我们上课的老师都是老专家、老教授，他们都非常有经验。当时，眼科主任毕华德老师在埃及实习过，埃及当地沙眼多，他就在课上给我们讲了很多当地的案例。他还告诉我们，不同地区急需的医疗是不同的，“研究一个方向就要搞透，少研究理论”；还有一个教我们内置镜的老师，特别能说，他的业务特别强，课讲得特别好。老师把内置镜、食道镜和气管镜的操作要点讲得清晰明了，我们通过听和看来学习知识要点，虽然技术简单，但是需要特别细心，以防发生意外。这些老师们实心实意地教学生，把自己所掌握的技术都毫无保留地教授给我们，为我们日后教学做了榜样。

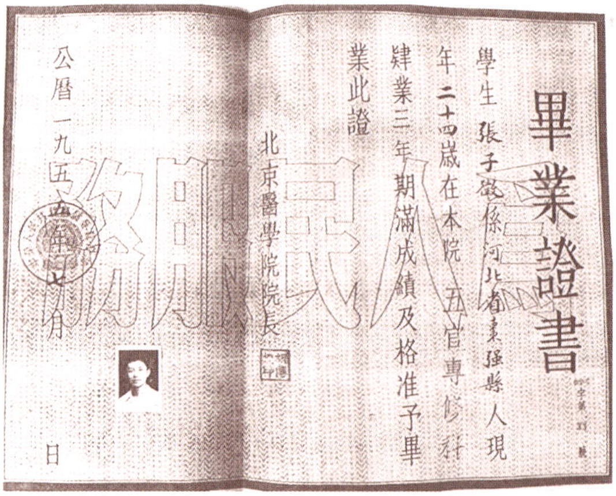

▶ 北京医学院毕业证书

三、耳鼻喉科我一干就是一辈子

寻求帮助，开展工作

我是1955年从北京医学院学习完理论到河北省医院来实习的。那时候因为新毕业的学生多，可安排的实习单位少，有的学生就被分配到了外地。实习分配坚持尽量就近原则，因为我是河北省人，姜主任又在河北医学院（当时也是在保定），并且我们当时已经有了孩子，为了照顾我们，我被分配到了保定。另外，当时分配还有一个规定是“不许过长江”，所以很多上海的学生也被分配到了北方。我学的是五官科专业，除了牙和口，耳、眼、鼻都归五官科管，但被分配到眼科还是耳鼻喉科，这取决于医院的需求情况。后来，我在眼科实习了半年，在耳鼻喉科实习了半年。

实习期满后，我留在了河北省医院耳鼻喉科工作。当时科里就我跟耳鼻喉科的老主任王敬，还有一个护士。这样两个大夫加一个护士就开展起了工作。

王敬主任是河北医学院毕业的，他毕业后跟着韩复榘当了军医。韩复榘死后，王敬主任回到老家保定，在西大街开了一个牙科诊所。那时候省医院刚刚组建，医院领导对王敬主任说：“你是看牙科的，肯定也懂耳鼻喉科，就过来当耳鼻喉科大夫吧。”耳鼻喉科需要开展工作，这个老主任和护士两个人之前只应付一些门诊，什么手术都不会。当时保定市有一个私人医院——思罗医院，这是一家教会医院（今保定市第一医院），这所医院里有一位王连家王主任，他比较有名，但是当时岁数太大了，也做不了手术。

到省医院之后，虽然很年轻，但需要开展工作，压力很大，我就回到了北京医学院去找郑中立主任寻求帮助。当时北京医学院有一个习惯，不管职务是什么，都叫大夫，所以我们称郑主任为郑大夫。我向郑大夫介绍了省医院的情况，并拜托他派人到保定为我做些指导。郑大夫听了我的情况，就让我去找孙再生大夫。孙大夫跟我说："你收了病人就给我打电话，我就过去给他们做手术。"孙大夫很朴素，我这儿约好了需要手术的病人就联系他，他每周坐火车来保定一次，帮我开展一些关于鼻窦、耳朵这样的手术。受当时医疗条件的限制，其他手术也开展不了。有的时候做完手术，孙大夫自己就坐火车回北京了，甚至上午做完了手术，下午就走了，也没通过医院。一来一回的车费都是自己花钱，他也不要钱，偶尔过来吃顿饭，或者住一宿。孙大夫帮我在省医院开展的有关鼻子、鼻窦的手术，耳朵的手术，还有喉头的手术，在保定市医疗界属于头一份。孙大夫一帮就是十来年，一直持续到"下放"时期，那时，他被分到了九泉。

左边手电筒，右边直达喉镜

那个时期经常遇到的病例就是小孩儿气管异物。值班的时候，每次睡觉前我都会在枕头边上放一个手电筒和一个直达喉镜。除了这些，当时诊治气管异物时还会用到气管镜，那时的气管镜都是金属的。

记得有一次，半夜我听到有人喊："张大夫，有一个小孩儿嘴唇都紫了！"当时，听到值班护士喊我，我拿着工具就往外跑。原来，这个小孩儿吃完饭后，把笔帽含在嘴里就跑着玩儿去了，由于门槛特别高，孩子小，过门槛时脚下一绊摔了一跤，把笔帽吸进气管里了。孩子的爸爸抱着孩子跑到北京方向的公路上去拦车。当时有一辆客车从保定开往北京去，这位客车司机真不错，看见这种紧急情况，拉着这一车的客人把这个小孩儿拉到了省医院。到医院时，小孩儿的脸已经被憋得紫紫的了。孩子被放在病床上往手术室抬，还没到手术室就没气儿了，到手术室里肯定就来不及了，我赶紧说："停！停！"大家赶紧放下病床。在楼道里，我就开始抢救。拿直达喉镜挑起来，可根本看不见气管中的情况，我就拿异物夹伸了下去。当时想的是，如果抓住了就拽出来了，如果抓不住就推到一侧的肺去，这样有一侧肺疏通就可以喘气儿了。我一次就抓住了笔帽，把它给拽出来了。护士们再进行人工呼吸，打强心针，孩子终于救活了！这是最危险的一次救治了。

一般的气管异物都会有个小缝，但是因为这个病人进入气管的是一个圆珠笔帽，堵得很严。一般花生豆都是半拉的，所以他还有漏气的地方，不至于憋得死死的。气管异物病症能够抢救及时，最主要得益于我把所有的抢救器械都放在一个固定的位置，用的时候能快速地拿起就走。那时候，我家住得离手术室也近，手术室打开窗户，值班护士一喊："张大夫快起来，有急诊！"即使是半夜里，我也能起来赶到院里去参加抢救。

我们耳鼻喉科门诊跟儿科的门诊挨得很近。儿科大夫正给一个小孩儿看病，小孩儿突然就没气儿了，护士赶紧到我们门诊去叫我了。她说："张大夫，你赶快来！这个小孩儿没呼吸了！"我就赶紧过去了，这时候我们科的陈护士也拿了小孩儿的气管切开包跟着我一块儿跑了过去。她非常有经验，一看没气儿了，气管堵着呢，人工呼吸也没用，她就把切开包打开了。小孩儿在那儿躺着，她把小孩儿的脑袋往一侧搬了过去，脖子就挺起来。打开急救包，所有的东西她都已经准备好了。我拿出工具开始切气管，第一刀切开了之后，把肌肉分开，气管就露出来了，再一刀气管就切开了，随之进去一个金属管，再用人工呼吸的方式就恢复了呼吸。切开后才发现不是口腔异物导致的孩子窒息，而是那两天孩子闹气管炎，黏痰太黏了，已经干住了，堵死了气管。这样，把这个黏东西弄出来之后，孩子就可以喘气儿了。

医生和护士的配合很重要。陈护士来省医院之前跟河北医学院主任一直在南方，经验很丰富，我也跟她学了很多，上颌窦穿刺技术我就是跟她学的。

在耳鼻喉科，我们经常遇到孩子因为不知道吐西瓜籽儿，结果被西瓜籽儿给卡住的病例。这些孩子情况紧急，一般会让孩子躺在门诊桌上，由护士抱着孩子的脑袋，我拿直达喉镜直接往里用异物夹一夹就出来了。患者吸气的时候不能夹，呼气的时候或者是咳嗽的时候西瓜籽儿就上来了，异物夹提前放在嘴里等着，上来时一夹，这样就可以取出。西瓜籽一般是平着卡在气管里的，所以用异物夹抓住之后把它立起来，然后拽出来，这个很常见。气管异物的治疗不用住院，直接在门诊看完就可以离开了。三五分钟完事儿，也不用再收钱。最不好取的是花生豆，因为花生豆有煮熟了的或者炒熟了的，很多是半个的。一般需要下气管镜，通过全麻来进行治疗。根据病人年龄的大小，气管镜的长度和粗细有区别，小孩儿一般都是用五毫米的。一般异物都在右侧，因为右侧是直着过去的，左侧角度小，所以左侧的比较少。用气管镜能很清晰地看到异物，看到了之后夹住，跟气管镜一块儿取出来。有的一次可以取净，如果要是看着取出物有新茬，应该是夹碎了，紧接着还得再下一次，一般是几分钟，最多不超过一刻钟就可以取出。气管切开和气管异物取出这两项治疗技术当时在保定地区只有我可以做。那个时期，别的医院建耳鼻喉科，他们的大夫都会来省医院跟着我学习一段时间。他们的学习内容主要是气管切开、气管异物取出。气管镜、食道镜这些设备不好买，当时地区医院都没有这些设备，县医院更不开展这些业务，所以他们主要学的是气管切开。当时，气管镜、食道镜都是耳鼻喉科来做，现在已经不属于耳鼻喉科的业务了。

完善设备

米毅院长特别好，他的第一个优点是爱才，再一个就是他下决心大力建设科室，把医院建得很好。他认为，一个院长什么问题都解决不了很不像话。当时，米院长问我说："你耳鼻喉科没东西，咱们想办法，怎么买点儿啊？"我想起我的老师张青松院长，他后来调到协和医院做了耳鼻喉科的主任，同时也是协和医院的副院长。张青松院长早年是在美国开五官科诊所的，回国之后，到了北京医学院，后又从北京医学院调入协和医院当副院长。北京和平医院的魏主任跟张院长很熟，魏主任跟我提到过，张院长想卖掉家里很多五官科用到的仪器设备。我跟米院长说："张青松院长现在不开诊所了，正想着卖掉一些仪器设备，我们可以去他那里看看。"米院长听后很兴奋地说："行！咱们去！"米院长带着我和药剂科的主任田玉华到了北京。科里最早开展工作的这些器械，比如取异物的器械都是这次从北京弄来的。当时国内还没有冰箱，他那儿有一个冰箱，是从美国带回来的。米院长让我问问他，看他这个冰箱还要不要，如果不要，我们把冰箱也要了。张院长说："我岁数大了，这个冰箱我还需要。"花了五千元，我们弄回来了很多设备。我们在水果摊上找了好多装水果的大筐，把这些设备都放在筐里边儿，周围垫上草。但我们去北京没有带够钱，米院长就让我留在了北京，他们回到医院后从保定汇钱过来，我再在北京把钱取出来给张院长。药剂科的主任和米院长扛着两个装满了设备的水果筐回到了保定。有了这些设备，北京医学院的孙大夫来了就可以更好地帮着开展业务了。

科室建设

在孙大夫的帮助下，耳朵中比较大的手术我们科也一点一点地开展起来了。这类手术通常是孙大夫先来做，他做的时候我当助手在旁边看；之后，我再来做手术，孙大夫在旁边为我做指导。

"文化大革命"以前，也就是这个科室成立十年左右，我们的手术可以开展到喉部的恶性肿瘤，把喉头摘除；鼻窦的肿瘤，把上颚部摘除。那时，我就升主治医生了。当时牙科、眼科、耳鼻喉科室是同一个领导负责。眼科主任李书记是这个大部门的书记，他很看重我，我破格升成了主治医生。

最初，科室里面就有四五个人。之后陆陆续续地分配来了一些学生，科室里的工作人员就慢慢多起来了。后来，河南一个中级医科学校搬到了通县，随后又从通县搬到了保定市。王建晨、孙锡钦都是这个时候来保定的学生。河北省职工医学院设置大专培养后，还有很多咱们自己培养的学生都留在了医院里面工作。周建华、范淑娥都是这时候分配来的。随着学生陆陆续续留在医院工作，我也能独立地开展手术了。我带着他们一起在科里开展工作。慢慢地，周建华、范淑娥、李兰芳和刘翠艳这些学生都可以在工作中独当一面了。

科内工作人员的团结对开展工作很重要，我们科室人都特别好，工作都抢着干，不耍滑。科室就像一个大家庭一样，所有人都互相帮助，相互包容。

石凤祥大夫来医院工作较早，随后来到科里工作的还有张瑞鹏，后来他调到了廊坊地区医院，周建华、李兰芳、范淑娥这些学生和张学斌成了科室中的重要工作成员。

我们科没有出现过医疗事故。科里每个大夫都各有优点，充分互补。后来我们科室又补充了一些工作人员。刘大夫是从妇产科过来的，很聪明，做事也很灵活；周大夫胆子小，因为这个原因我总说他。有的时候遇到气管异物，就算是半夜他也会叫我起来陪他一起。我经常鼓励他。周大夫很能吃苦，做事情踏实、肯干，脏活累活抢着干。协调科室工作时，需要根据每个人的优点，充分发挥每个人的特长，这样科室就可以很好地运转起来。工作中，我带着大夫们完善科室建设，研究技术，科室成员每个手术都可以独立完成，其中大手术我亲自做。

现在科主任姓高，叫高永平，人特别好，每年都会把我们这些老大夫聚在一起，他对我们这些老人都特别尊敬。现在有好多大夫我都不认识了，都是年轻的；科室发展得很好，很多设备我现在都不会用了，甚至都不知道叫什么，更不知道是干什么用的，技术发展得太快了。

钻研技术，创新诊疗

“文化大革命”之前，医院里病人很多，由于没有床位，很多病人都住不进医院。我就想耳鼻喉科能不能开展家庭病房，到病人家里做手术。因为耳鼻喉科的很多手术都不要求绝对无菌，包括像扁桃腺、鼻息肉等手术。于是，我就开展了耳鼻喉科的家庭病房。我院是国内首家开展家庭病房的，当时《中华耳鼻喉科》杂志头版头条做了报道：“保定地区医院耳鼻喉科推广了家庭病房。”我把不是很危急的小手术在病人家里完成，不让他住院。这个做法迎合了当时“多快好省”的号召，怎么省钱怎么来，怎么快怎么来。

“文化大革命”时期，我们并没有受到冲击。但在那个比较动荡的年代，心里也是不踏实的，正常的工作多少受到些影响。晚上需要开会，进行政治学习，白天还不能影响正常工作，那段时间挺辛苦的。

我的手术技术越来越成熟了。早期，我向孙主任主要学习开展的是鼻窦的手术，耳朵的手术。鼻窦的手术以鼻窦炎等需要做手术的病症为主；耳朵的相关手术以中耳乳突根治为主。后来，上颌窦上长的肿瘤我也通过把一侧面部骨头拿下来完成治疗，也就是上颚骨切除。一般人做乳突根治手术可能五个小时都下不来，我两个小时就能完成手术，每一根神经，每一块肌肉都干干净净的，一边做着一边清理干净，技术真的好了。

“文化大革命”以后，我去武汉进修了半年。武汉×附属医院的大夫看到我的进修申请表说：“这么年轻就主治啦！”他们那边的老大夫还都是住院大夫呢。等我一上手术台，一做乳突根治手术，大夫们说：“手术做得这么快，技术太好了，手术太

▶ 进修时与武汉×附属医院医护人员合影（第一排左五为张子征）

利索了，怪不得能升主治呢。”之前，武汉当地的大夫做乳突根治，五个小时下不来，护士们因为不能准时下班都很着急；我两个小时就弄得干干净净地下手术台了，护士们都很高兴，因为可以准时下班。其实我去武汉进修是想学习内耳手术的，但是掌握这个技术的武汉×附属医院的主任也外出学习了，没有学到。我在武汉只待了四个月就回来了。

后来，在科里我还开展了扁桃体切除术。扁桃体切除最早是采用剥离全套器械进行；后来的技术发展为在不麻醉的前提下做挤切；当然，现在的技术就更先进了。

当时还会遇到外耳道异物、鼓膜破裂这样的急症，鼓膜破裂时观察病患的裂口如果只是一个缝，在保证不进水的护理下，可以慢慢长上，自行恢复了；但如果破裂得大了，我们会用鸡蛋内膜贴上，帮助修复。

耳鼻喉科内的重大疾病，如喉癌，还是比较容易发现的。有一次出差去四川，我们顺便看望姜主任的哥哥，见面聊天时发现他的嗓子哑了。我看了一下，考虑可能是喉的问题，就带他回了保定。到医院取了病理结果，确诊为喉癌，由于是早期的，在放疗室放疗了三个月后痊愈了，后来也没有复发。遇到晚期喉癌，我们会切除整个喉头，技术好一些的医院可以通过别的肌肉替代来进行修复。我还是应该去学习的，但是后来因为年龄大了就没有去学习，所以没有掌握这个技术。

从1980年开始，我担任《国外医学耳鼻咽喉科学分册》的供稿和审稿工作。这项工作的主要内容是审查保定地区耳鼻喉科医

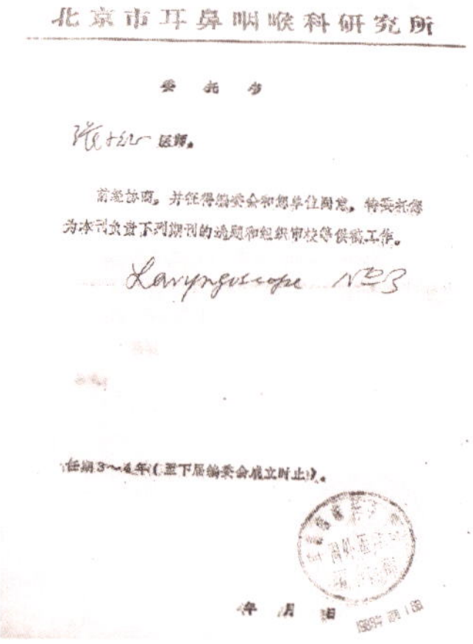
北京市耳鼻咽喉科研究所

委托书

医师。

前经协商，并征得编委会和您单位同意，特委托您为本刊负责下列期刊的选题和组织审校等供稿工作。

Laryngoscope №3

任期3～4年（至下届编委会成立时止）。

年 月 日

▶ 受聘于《国外医学耳鼻咽喉科学分册》杂志的聘任书

聘书

兹聘请 教授为《国外医学耳鼻咽喉科学分册》组稿专家。

特发此证。

《国外医学耳鼻咽喉科学分册》编辑部

2001年4月

▶《国外医学耳鼻咽喉科学分册》组稿专家聘书

生对杂志上的文章所做的翻译和摘录。保定地区的耳鼻喉科大夫翻译了文章，提交上来，由我做最后的审查，审查之后发到北京的杂志社就可以刊登了。保定地区的工作由我负责，石家庄的工作由我的大师兄负责。

保定地区耳鼻喉技术从无到有

保定地区的耳鼻喉科从我来了之后才开展的各项工作。当时的地区二医院，内镜、气管镜这些也没有，大夫也不会。在我的帮助下，他们才开展起来。在其他各个医院，这些技术都不太好，包括耳朵的手术，或者是一些比较大的手术，他们都做不了，只有省医院可以做。

传染病医院总是需要做气管切开抢救，但是它那儿做不了，所以我还会去各个医院做一些培训。当时传染病医院大夫说："我能不能学一学气管切开？学会以后就不用老麻烦你们了。"我很愿意他们来学习，这些大夫经常来我科里学气管切开。之前咱们老卫校的学生，一般都是我们教出来的，那个时候，他们分配到了一些县医院或其他医院，也会请我过去帮他们做气管切开术。每每这个时候，我就像之前孙大夫帮我一样，去帮他们做这样的一些工作，并且带一带他们，培养他们。

王建成、许秀峰是第一届大专班的学生，都是我们带出来的。当时我上课是少而精，用事实来教课，不按照书本来讲，不拿书，也不拿一些提前写好的稿子。我一到教室，走上讲台就开讲，以实际的病例来讲。课讲得很生动、很实用，孩子们听课就会很精神，很喜欢。我还被评为模范教师，收到的学生评价都是"少而精，讲课很形象"。卫校一开始培养的是护士，我到省医院工作的同时一直兼着教书，教耳鼻喉科。因为讲课讲得好，写字写得好，板书很好，学生很佩服，也很喜欢上我的课。

有时候我做手术，米院长会来看。米院长是外科的，当时在医院里有的妇产科手术做不下来了，都会请米院长来帮忙。我做手术的时候米院长来看，米院长笑着说："这小鼻子小眼儿，我可做不了。"

当时省医院所在的位置，周围都是庄稼地，只有这么一个孤零零的医院。我印象中医院很讲卫生，医生和护士们隔三岔五地就会拿水管子冲病房的各个角落，包括墙边儿，还会定期消灭蟑螂、臭虫之类的。当时的护士很忙，每天除了本职工作之外还要搞卫生。那时候，保定市的医疗条件并不是很好，但在当地已经很了不起了。原来省医院在十七中南边儿的一个小院里，米院长当院长之后，建了一个新院，就在现在的这个地址。

我们医院之前的声抗阻、测听设备是北京同仁医院淘汰下来的。后来，在杨院长的支持下，购买了国外声抗阻、测听设备。杨院长退休前看到我还问："你还需要什么设备吗？"那时我们还缺一个冰箱，杨院长就把冰箱给我们补齐了。我们之前跟山西做过一个研究，针对过敏性鼻炎，做一些花粉等过敏源的测试，冰箱是一个必需的设备。北京协和医院张青松老师建立了一个过敏研究室。华北地区的过敏研究以协和为首，在协和的带领下，我们也很快开展了。

省医院在保定地区都是拔尖儿的。以前，号召花小钱办大事，不花钱也办事。病人来看病时会催着大夫给开药。大夫一般会说你这个不用吃药，要不然就开一些特别简单的、花不了几个钱的药，有的病人会说我们开的药太简单了，但大夫认为，能治

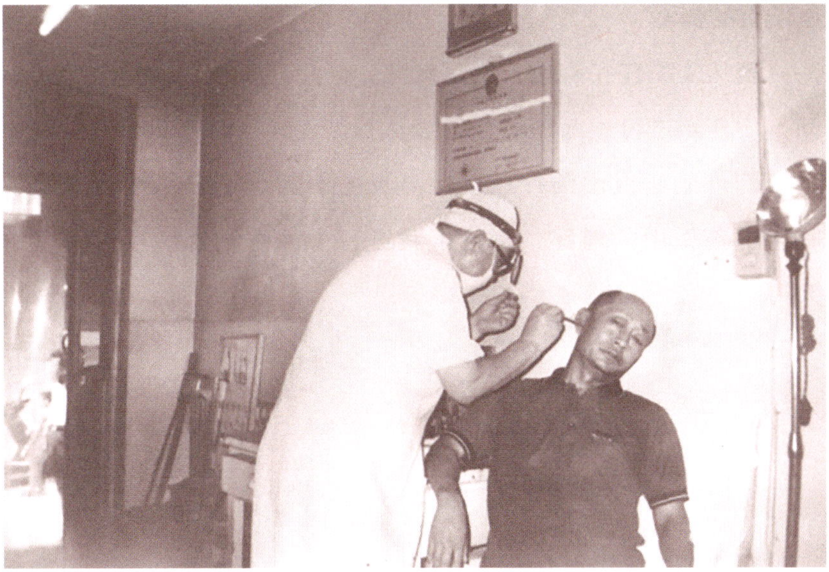

▶ 为病人诊治

好病就可以了。我们还会到山区做巡回医疗。那时候，当地的老百姓会拿出最好吃的东西来招待我们。医患关系很简单，很好。我一直坚信，别人来找我们看病，一定是想了很长时间，才找到我们的，只要人家张开嘴了，我们就一定要好好地看病，好好地服务，赶快帮忙，一切都为了病人着想。工作做了就做了，不图表扬，也不图奖励。

在研究中探索诊疗新发现

我善于总结临床中的案例，发表了多篇学术论文，还多次获得保定市科学协会的奖励。之前所做的研究是关于婴儿的气管切开问题，在《耳鼻喉》杂志上登过。

80年代后期，我快退休了，不能做手术了，开始尝试做中西医结合的探索。

虽然姜主任一直进行中医研究，但我还是在1984年至1986年间，才开始进行中西医结合的尝试和探索。当时，我与医学院的老师们一起研究出治疗过敏性鼻炎的中药“宁金冲剂”。记录临床中药使用的情况，打开了我进行中西医结合治疗与研究的大门。

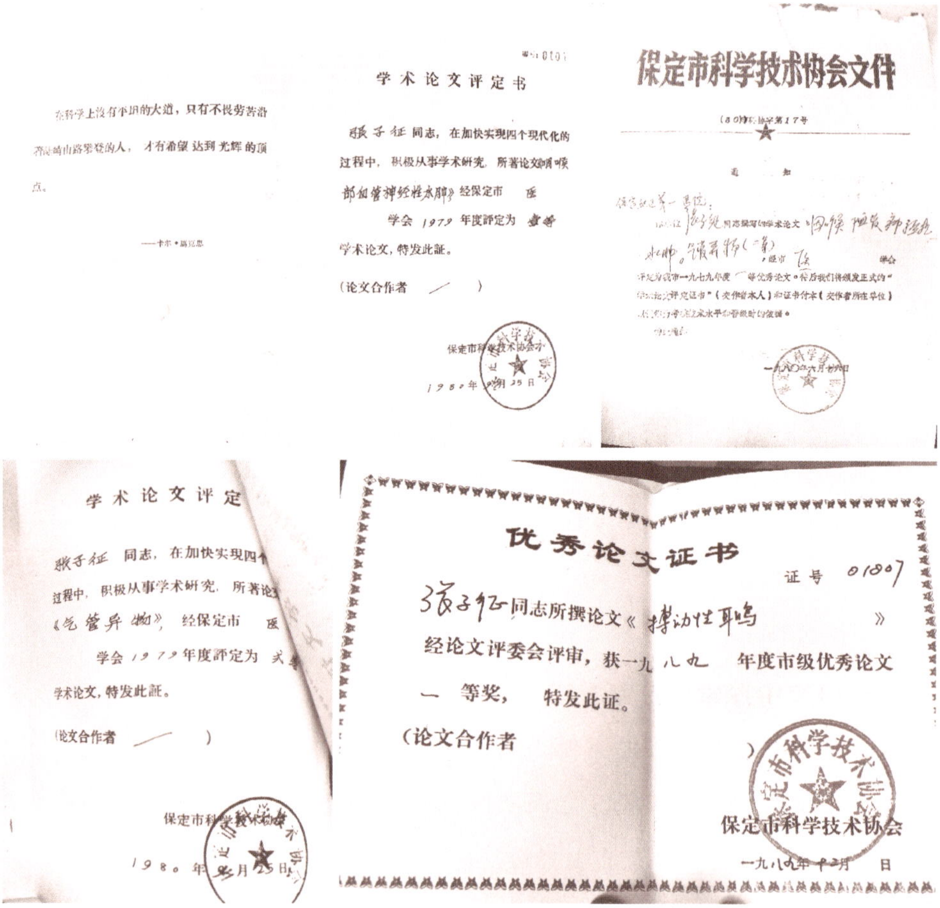
在科学上没有平坦的大道，只有不畏劳苦沿着陡峭山路攀登的人，才有希望达到光辉的顶点。

——卡尔·马克思

学术论文评定书

张子征同志，在加快实现四个现代化的过程中，积极从事学术研究，所著论文《咽喉部血管神经性水肿》经保定市医学会1979年度评定为壹等学术论文，特发此証。

（论文合作者 ／ ）

保定市科学技术协会

1980年 月25日

保定市科学技术协会文件

（80）科协字第17号

通知

评定为我市一九七九年度一等优秀论文。今后我们将颁发正式的“……论文评定证书”（交作者本人）和证书付本（交作者所在单位）……

一九八〇年六月廿六日

学术论文评定书

张子征同志，在加快实现四个现代化的过程中，积极从事学术研究，所著论文《气管异物》，经保定市医学会1979年度評定为贰等学术论文，特发此証。

（论文合作者 ／ ）

保定市科学技术协会

1980年 月25日

优秀论文证书

证号 01807

张子征同志所撰论文《搏动性耳鸣》

经论文评委会评审，获一九八九年度市级优秀论文一等奖，特发此证。

（论文合作者 ）

保定市科学技术协会

一九八九年十二月 日

▶ 丰富的科研成果

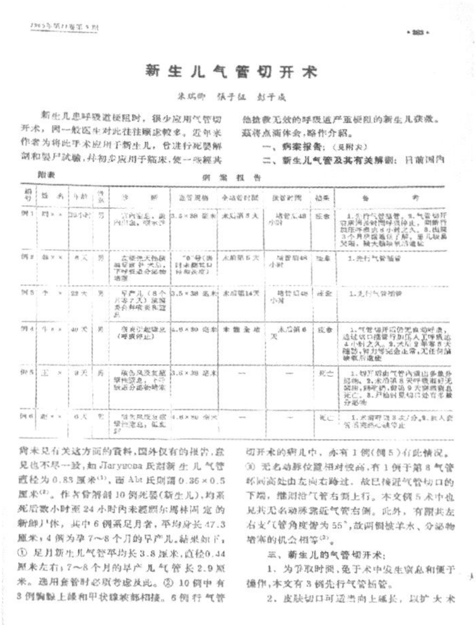
新生儿气管切开术
朱瑞卿 张子征 彭子成
一、病案报告：（见附表）
二、新生儿气管及其有关解剖：
附表 病案报告
三、新生儿的气管切开术：

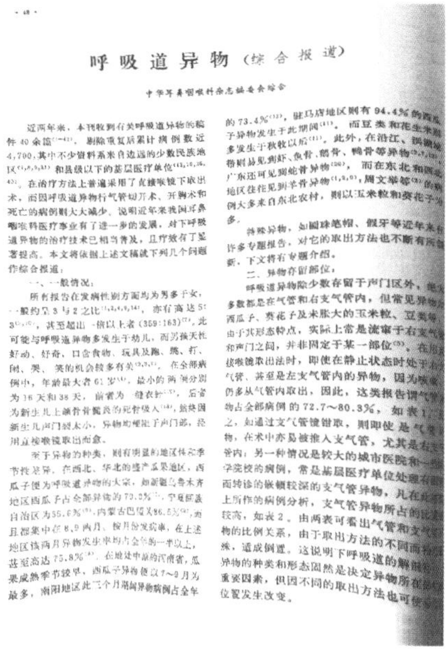
呼吸道异物（综合报道）
中华耳鼻咽喉科杂志编委会综合

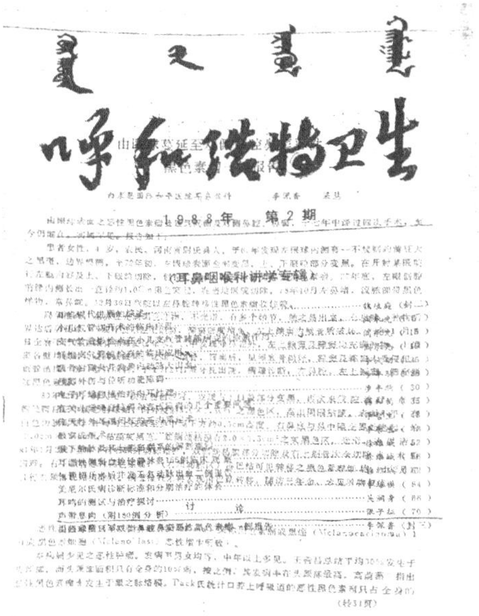
呼和浩特卫生
1988年 第2期
耳鼻咽喉科讲学专辑

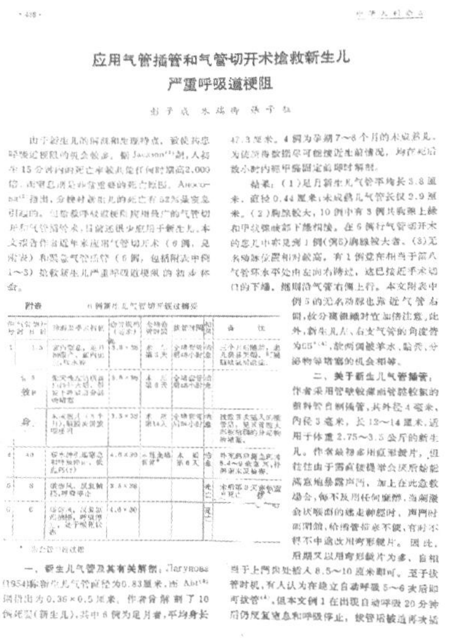
应用气管插管和气管切开术抢救新生儿
严重呼吸道梗阻
彭子成 朱瑞卿 张子征
二、关于新生儿气管插管：

▶ 部分学术论文

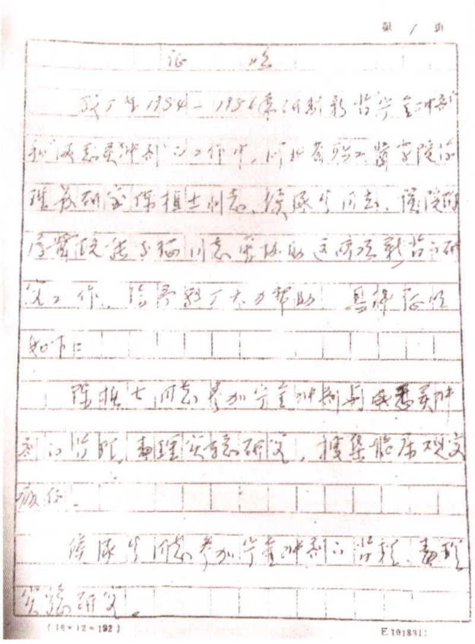

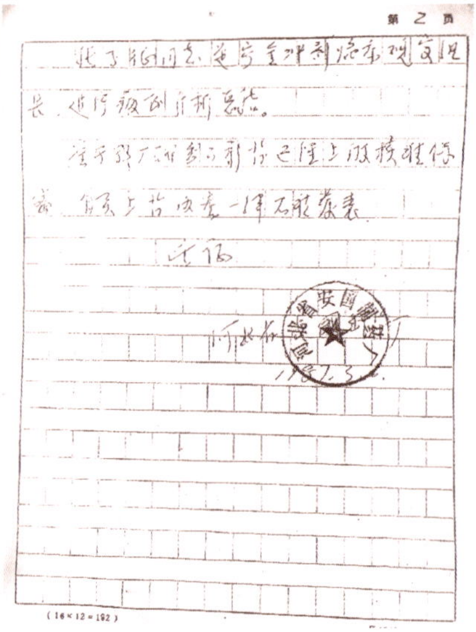

▶ 张子征参与“宁金冲剂”研究

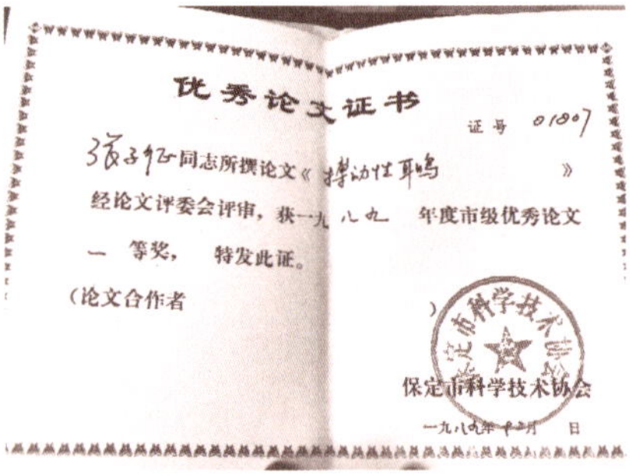

优秀论文证书

证号 01807

张子征同志所撰论文《搏动性耳鸣》

经论文评委会评审，获一九八九年度市级优秀论文一等奖，特发此证。

（论文合作者

保定市科学技术协会

一九八九年十二月 日

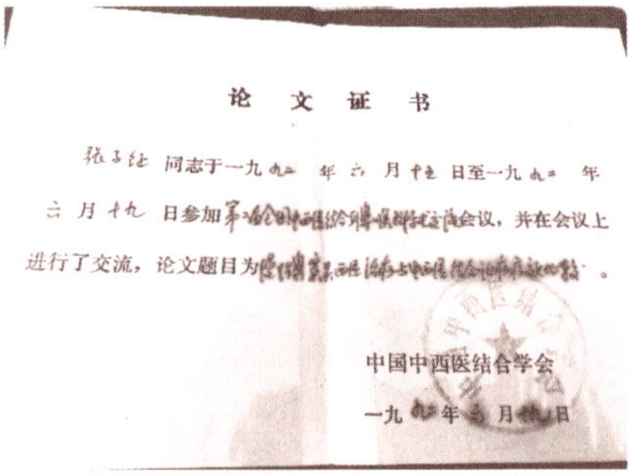

论文证书

张子征同志于一九[illegible]年六月十七日至一九[illegible]年六月十九日参加[illegible]会议，并在会议上进行了交流，论文题目为[illegible]。

中国中西医结合学会

一九[illegible]年[illegible]月[illegible]日

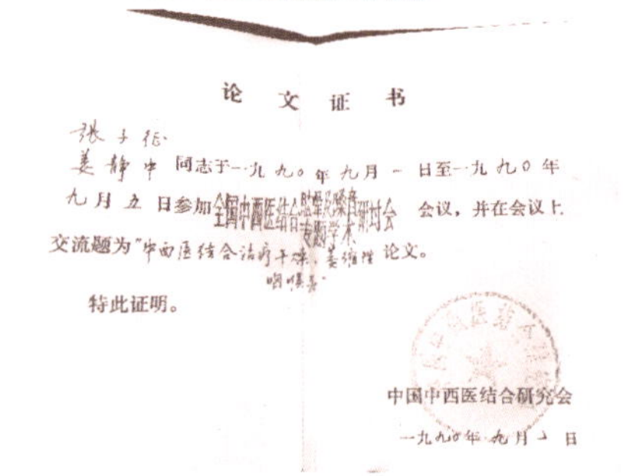

论文证书

张子征
姜静中 同志于一九九○年九月一日至一九九○年九月五日参加全国中西医结合耳鼻咽喉科专题学术研讨会会议，并在会议上交流题为“中西医结合治疗千咳、姜梅汤”论文。

特此证明。

中国中西医结合研究会

一九九○年九月 日

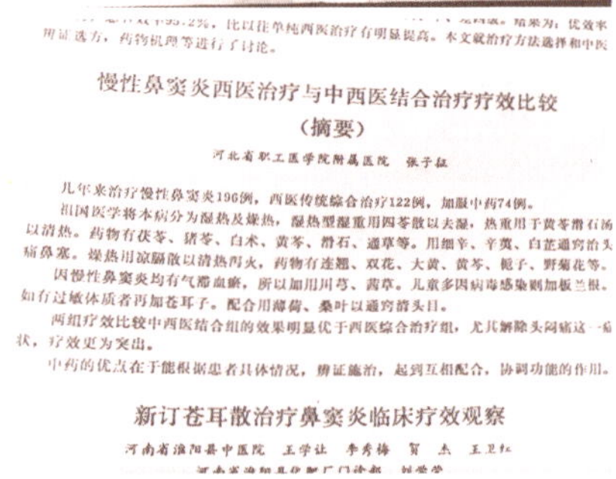

……比以往单纯西医治疗有明显提高。本文就治疗方法选择和中医用证选方，药物机理等进行了讨论。

慢性鼻窦炎西医治疗与中西医结合治疗疗效比较

（摘要）

河北省职工医学院附属医院 张子征

几年来治疗慢性鼻窦炎196例，西医传统综合治疗122例，加服中药74例。

祖国医学将本病分为湿热及燥热，湿热型湿重用四苓散以去湿，热重用于黄芩滑石汤以清热。药物有茯苓、猪苓、白术、黄芩、滑石、通草等。用细辛、辛夷、白芷通窍治头痛鼻塞。燥热用凉膈散以清热泻火，药物有连翘、双花、大黄、黄芩、栀子、野菊花等。

因慢性鼻窦炎均有气滞血瘀，所以加用川芎、茜草。儿童多因病毒感染则加板兰根。如有过敏体质者再加苍耳子。配合用薄荷、桑叶以通窍清头目。

两组疗效比较中西医结合组的效果明显优于西医综合治疗组，尤其解除头闷痛这一症状，疗效更为突出。

中药的优点在于能根据患者具体情况，辨证施治，起到互相配合，协调功能的作用。

新订苍耳散治疗鼻窦炎临床疗效观察

河南省淮阳县中医院 王学让 李秀梅 贺杰 王卫红

▶ 中西医结合诊治耳鼻喉病症的成果

之后，我开始和姜主任一起研究用西医的知识做中医治疗的研究，主要围绕着鼻炎等慢性病来进行，比如干燥性咽炎、过敏性鼻炎等。

退休后的生活

退休之后，我比较喜欢写小楷，姜主任喜欢画画。我们合作的作品经常在医院里展览。

▶ 夫妻画作

姜静中："治不了"这话不能从大夫嘴里说出来

一、动荡时辗转向学　求索中不断成长

我们家是农村的，祖籍辽宁省。父亲是天津北洋大学经济学专业毕业的，小时候，父亲就跟我说女孩子只有学习才有出路。当时受人尊重的职业一个是老师，一个是大夫，所以那时候我就立志要学医。

十岁的时候，我去锦州舅舅家上了中央小学。在村里小学的时候，我的学习成绩还是数一数二的，一转学我的成绩就跟不上了。为了提高成绩，我就跟好学生在一起学习，课堂上我也积极主动地回答老师提问，这样功课就赶上去了。当时我们村里小学教的是蒙语，不学日语，可是锦州小学升初中要考日语。怕外语拖了后腿正发愁的时候，日本投降了，就不考日语了，我就考上了锦州最好的女子中学。

在锦州上学的时候，我遇到一些好老师。那时候没解放，国民党还掌权，我们学校里来了一批清华、北大的在校学生，他们没毕业就参加了革命工作，来东北地区做宣传。这些老师给我们讲课，都是贯穿新思想的教学。有个北大的李涛老师，列举生动的例子给我们讲怎么做文章，提到文章应该有三个内容：思想

性、艺术性、现实性。这样我就掌握写文章的关键了，写出来的文章也经常被老师表扬。

1947年底，锦州要打仗，东北大批学校停办，我就跟着老师和同学一起离开锦州到北京去了。

到北京之后，我上了一个私立学校——北京大中学校。时局混乱，没多久，师生们又一起流亡到天津，在天津东北临时中学继续上课，可是当时人心惶惶的，衣食无着，我记得校长都为难地当众哭了。天津解放前夕，围城要开战了，我们就搬到城里一个叫约瑟夫的法国小学里。远处都是炮声，街上也都戒严了。有些男同学胆子大，敢外出，回来就说炮弹把天津中正书店给炸了。

1949年天津解放，1月16日一开门，外面都是解放军在站岗。学生们糊旗子、写标语，上街游行庆祝解放。晚上，天津市长黄敬组织东北流亡学生观看文娱节目演出，我现在还记得当时的节目：一段新疆舞作为开场舞，然后是秧歌剧《兄妹开荒》和话剧《白毛女》。在颠沛流离中异地求学，能看到这么高质量的文娱节目，不论是舞台布景还是演员水平都让人大开眼界，我们一下子被深深地吸引了，青年学生思想一下就扭转过来了，对解放军的印象特别好。

解放军接收了东北临时中学，征求学生们的意见，给开出了乘车证明，送流亡学生返回原址。我是从北京来的，北京有一个本家的哥哥能照顾我，就坐着火车回北京了。我想着之前在大中学校已经加入了民主青年联盟，就还是回这个学校去学习。

刚一解放，为防止国民党残留的特务搞破坏，单位里开展工人保厂活动，学校里发动学生保校，我们民主青年联盟就在市委地下室开会研究怎么进行保校斗争。在大中中学的时候，一直都有地下党对青年人的进步活动进行指导。国民党三青团活动得也很猖獗，我们要研究怎么跟他们进行斗争，然后着手写大字报宣传。

五四纪念活动的时候，我们民主青年联盟的学生在白塔寺中学宣誓，大会上宣布正式改成新民主主义青年团。全市的青年团开会，整个大礼堂都坐满了人，唱着“年轻人火热的心，跟着毛泽东前进……”这样的歌。那时候我就立志参加共产党，将来奋斗的目标就是成为一名党员。解放军的宣传活动组织得特别好，一个区有一个政治指导员，专门负责定期去学校做讲座，宣传共产党的政策。年轻人的思想彻底改变了，都信仰共产党，追求新思想，拥护共产主义。

在大中上了三年，但是初二、初三相当于没怎么上课，到考高中时，功课一塌糊涂。北京中学当时不要学费，相对好考一些，结果我还考上了。我爱人也是这所学校的学生，我是通过考试进来的，他是随着班升上来的，他们八十分以上的免试上高中，所以我们就是同学了。

1949年10月1日，我以学生代表的身份参加了开国大典，提前扎好了纸灯笼，学生们早早地整队从学校出发，天安门广场上人山人海，到处都是热烈、喜悦的气氛。当时我们在天安门广场的西南角，高唱《解放区的天》《年轻人火热的心》《我们工人有力量》这些歌曲。毛主席宣布：“中华人民共和国中央人民政府，今天成立了！”天安门广场一片欢呼和掌声，人们都兴奋地跳了起来。

抗美援朝时，我参加了军干校，实际上就是抗美援朝的预备兵。我自愿报名上前线抗美援朝，一个原因我是青年团员，要起模范带头作用；另外，我是全心全意地想为祖国去上战场。学校领导没有批准我的申请，我就准备考大学了。

1952年考大学，我报了北京医学院和河北医学院两所高校。我爱人没有确定学什么专业，也有意向去念师范。我受爸爸的影响，虽然说干什么都是革命，但是我就想学医，我爱人就跟着我学医了。他功课好，考上了北京医学院，我考上了河北医学院。

从北京医学院聘请的教授来给我们上内科、病理、解剖、生物、生化这些课程，但是没有细分专业，内外科的知识都要学习。那时候的老师教课，都是以爱国为出发点，新中国刚刚成立，国家急需人才，老师们考虑怎么在最短的时间内培养出国家需要的人才，让学生们毕了业就能够为老百姓看病，能在工作中很快成长起来。老教授们就商量，知识讲解必须深入浅出，进行形象化教学。比如要给学生讲心脏的工作原理方面的知识就画一个心脏，左心、右心、几个瓣膜，学生能把这张心脏图记住，知识点也就记住了，比起只讲理论就更形象、生动，更有效果。

▶ 张子征、姜静中夫妇

记得第一堂课是解剖课，上课的老师叫崔模，他把头盖骨的三个盖儿翻过来，内部多种结缔组织和神经组织按照一定的顺序排列，都有相应的名称和功能，需要识记的内容非常多。讲完之后，老师提问就问到了我，我回答得特别准确，一下子就轰动了。同学们都对我刮目相看，夸我功课好。

当时老师教怎么识别白喉这种病，就用蚕来打比方，当咽喉或者扁桃体周围组织出现白色伪膜时，没有脓也没有出血现象，就像蚕蛹趴在桑叶上一样。老师用生活中的事物举例子，生动形象的教学，使我记住了白喉发病的特征。

实习时，教学医院有下放基层劳动的任务，我们和医院的几个医生一起来到石家庄南边的晋县古塔村。有一天，我们带队老师跟我说："小姜，村里有个小孩儿病了，你跟我去看看。"他在河北医学院是讲基础医学的，没有临床经验，我就跟着他去了村里。患者是一个四岁的小孩儿，我们拿手电筒往孩子咽喉一照，就像在学校时候老师讲得那样，咽喉两边像有蚕蛹在那儿趴着一样，我说肯定是白喉。带队老师就跟患者村里的大队长、小队长一级一级地交代，派人去辛集联系车，不用患者花钱，把病人送到石家庄去治疗。结果他家属不去石家庄治，说什么也不去，我们就没办法了。

▶ 1958年下乡劳动合影（后排中为姜静中）

第二天，病人家属找一个中医去给孩子看病，那个中医说他行医三十多年，没见过这样的白喉，很坚决地否定了我们的诊断。中医给病人开了三包药，让从口腔吹到咽喉去，说三包药用完如果没治好，再找他。病人家属认为我们刚毕业的年轻人经验少，不敢相信，相信老中医的经验，就不去石家庄看。下午，我和带队老师又来到这户人家探望，一进屋就看见孩子嘴唇都紫了，已经引起并发症心肌炎了，心音也已经是钟摆音了，心率特别快，分不清第一心音、第二心音；呼吸困难，已经出现了三凹症，应该立即做气管切开手术。村子里没有相关医用设备也做不了气管切开手术，即使可以做，在不信任我们的情况下，家属也不会允许我们给孩子做这个手术的，结果那孩子当天晚上就死了。

有个小姑娘，外出放羊的时候被暴雨淋着了，回来就发烧，全身不由自主地动。我一看就说这是舞蹈病，不用去医院，在村里就可以治好。那时候没有激素，我就给开了罗梅那和阿司匹林，吃了以后很快就好了。

老百姓中间有一些疑难杂症不好治，既然医学院的大夫来了就给看看吧，可是有些病老师也没有讲到过，就得自己用心，灵活运用学到的知识去解决行医治病中遇到的困难。比如有这样一个病人，他总打嗝，还伴有吐唾沫，一口接一口地总是吐。我并不能确凿地诊断出这是什么病，但是我推测应该是癔症。病人既然信任我，我不能跟病人说“不清楚、不知道”，我给他开上镇静药，再用上阿托品，结果真管用，还就给治好了。

在农村锻炼了半年，带队老师看我有解决实际问题的能力，就推荐我去县医院工作。县医院搞巡回医疗，我跟河北医学院妇产科的郝大夫每天去村里。有一户人家的小孩儿得了肺炎，一天要注射四次青霉素，结束他们村的工作之后我们去其他村，其他村里处理完之后再转回来给他打针，这四次针就是以这样的方式注射的。这孩子病好了以后，他家里人很感激我，非要让孩子认我做干妈，其实这都是我应该做的。

我们带队的队长是河北医学院耳鼻喉科的主任，他替河北医学院学报向我约稿，我就把自己的日记抄了三篇给他。发表出来之后，当时河北医学院的院长吴弢做报告时特意表扬我："姜静中不仅巡回医疗有成绩，文章写得也好。"

二、省医院如鱼得水 讲奉献术有专攻

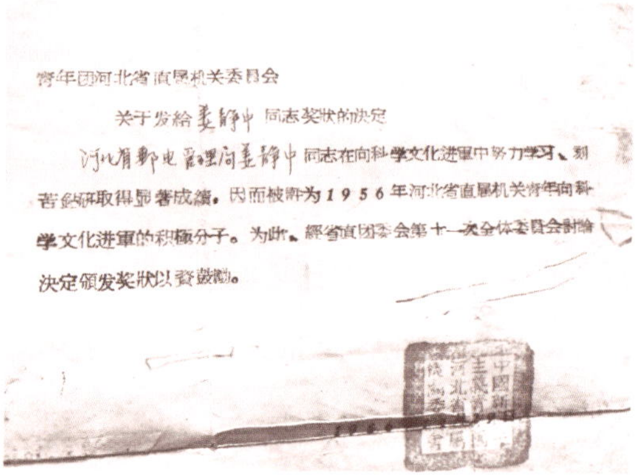
青年团河北省直屬机关委員会

关于发給姜静中同志奖狀的决定

河北省郵电管理局姜静中同志在向科学文化进軍中努力学习、刻苦鉆研取得显著成績。因而被評为1956年河北省直屬机关青年向科学文化进軍的积極分子。为此，經省直团委会第十一次全体委員会討論决定頒发奖狀以資鼓勵。

▶ "向科学文化进军"积极分子奖状

从医学院毕业后，我在省邮电管理局工作，1957年调入省医院。

毕业的时候，我想去边疆支援国家建设，还有一个愿望是分到铁路系统。学校跟保定地区铁路部门联系，得到答复是不招人。后来说问问省邮电管理局招不招毕业生，得到的答复是正好要人，就把我分到了省邮电管理局。

到了邮电局的诊疗所，我就想办法开展工作。诊疗所也不需要太高的诊断水平，我们在医学院的时候老师教得好，学得比较扎实，日常工作完全能胜任。不分内科外科，不论是百姓还是邮电局的职工，有时候也出诊去患者家里看。在邮电局工作第一

年，我就得了一个省直机关青年“向科学文化进军”积极分子的奖励。省直机关就四个得奖名额，我是其中之一。刚参加工作就得到肯定当然很自豪，我档案里面有得奖的记录，当时还在河北剧场大礼堂接受了表彰。

我爱人是1955年进省医院工作的，周末的时候我从邮电局去省医院看他。那时候米院长即使在假日也要去医院巡视工作，病房转完了去宿舍，碰见我在那儿，米院长就问我哪个学校毕业的，现在在哪儿工作。知道我是河北医学院毕业的，他说：“那你上我们医院来工作不是更好？”我说：“那当然好了。”就这样，米院长用一个星期的时间就把我给调过来了。

调过来以后我去的内科，刚参加工作，知识经验不足，就要不断地学习。那时候最重要的一个学习方式就是查房，跟着上级大夫查房，听上级大夫讲座，同时参加每个星期的病案讨论。另外就要靠自学，下班之后挤出一切时间看书，不断地想办法去解决实际问题。医学是无止境的，书本上不可能写得详尽，病人个体情况不同，即使是同样的病，具体到治疗，也要求辨证论治。考虑到将来升主治，整个内科各种疾病都得懂，对内科之外的知识也得了解，我就不断地学习。

▶ 张子征合成的姜静中学习照片

▶ 省医院同事合影（前排右二为姜静中）

还有一个学习途径就是向有经验的大夫请教。陆留、白波、龙梦林是主任；孙倩、李宗年、李坚如是上级主治大夫，不会就多问他们。当时大内科不分科，不分系，大夫二十四小时负责制，什么病都看。来了病人，能处理的自己接诊处理，要是不会治或者没有把握就找上级大夫来看，就这样跟着他们学技能，增长经验。

技术成熟起来之后，有几个典型的病例我印象比较深刻，也算是我诊断风格逐渐形成的一个过程。

一天，我已经下夜班了，洗完脸吃了饭，突然觉得我得回医院看看，当天值班的石大夫是刚从农村调上来的，有些不放心，然后我就去了医院。楼道里一个人都没有，正想着怎么回事，石大夫跑过来了，说："你来得正好，赶紧看看病人去。"我就问："什么病？以什么收进来的？""病人又拉又吐，以急性胃肠炎收住院。"然后我就翻病历，一看血常规，网织细胞是百分之十，正常数值不会超过百分之三，这个数值就是最高的了。根据这个数值考虑有两个病：一个是溶血性黄疸，一个是大出血。就问"有没有出血"，说"没有出血"，我想这可能就是内出血，因为网织细胞数值太高了，然后我就去病房了。那病人就快不行了，烦躁不安地来回折腾。我一看那输血还一滴一滴慢慢地滴落，我说"这可不行"，就让人赶紧去三病区拿加压输血器。然后，我在这边快速地往里输血，一会儿二百毫升血输进去了，我一边做着这些，一边指挥着小石和护士各自去干什么，还一边问病人结婚了没有，有没有孩子，她说结婚了但是一直怀不上孕。我又问"现在闭经了没有？"她说："闭经两个月。"我心里就有结论了。几条症状都符合，肯定是宫外孕。让其他大夫继续输血，我就给她检查肚子，让她侧着身子，叩一叩有移动性浊音，我更确定是宫外孕了。我叫石大夫赶紧去妇产科，来不及写会诊单了，跑着去跑着回来，到那儿找一个有经验的大夫，预备后穹隆穿刺。他跑着去把赵芙蓉找来了，我就把病史简单地跟她说一遍，检查做过了，有移动性浊音，估计是宫外孕，你赶快做一个后穹隆穿刺。穿刺一做就抽出血来了，抽出来不是血块儿，是来回流动的，这就肯定了是内出血，然后赶快把病人抬到手术室，通过紧急手术，成功抢救了病人。

有一次是谢兰芳找我去看她的一个以急性肠胃炎收进来的病人。一进门口，就看那病人满脸都是豆大的汗珠，口和唇都像紫茄子似的，我说："这是心梗，快做心电图，赶快注射吗啡。吗啡和阿托品各一支，加百分之二十的葡萄糖静脉注射。"他们赶快照做，静脉注射之后病人情况有所缓和。抢救完成了，接下来再进行相关的治疗，结果出来一看，果然就是心梗。

还有一回是个节假日，让我去二病区看一个病人。我问了多少床就自己去了。一看那病人牙关紧闭，抽搐的时候脚弓反张。我就给病人做检查，检查到臀部，就看到臀部周围有很多小黑疙瘩，就问是怎么回事，他说在日本的时候被炮弹崩的，炮弹皮崩到皮下去了，也没有治过。我说这是典型的破伤风，其他大夫说不对，潜伏期太长了。我就又问病人什么时候受过伤，他说一年半以前刨玉米秸秆的时候，刨着脚面碰破了，也没理会。我说这肯定是破伤风，潜伏期正好是一年半，再说之前受过炮弹皮的伤，得破伤风的概率就更大了。第二天，请外科的丁郁一起来会诊，确定了就是破伤风，然后把病人转到外科去了。

我之所以对外科诊疗也熟悉，是因为我经常在急诊室值班，三个月轮流一次。急诊值班时，一个外科，一个妇科，一般不去骨干大夫。有病人就诊的时候，他们怕收错了，就请内科的大夫来会诊，之后内科大夫把化验、透视都做好，诊断好了，他们再收进去。辛苦是辛苦一些，但是经历得多，见得多，技术成熟就快。

值班时候这样的病例很多，老百姓棉袄上有虱子，就往棉袄上倒敌敌畏，虱子药死了，人也中毒了，来了就赶紧抢救。省防疫站一个司机的女儿在教育局工作，想要出国，她妈妈不同意，她就喝了敌敌畏，送来时心跳、呼吸都没了，也给抢救过来了。有一回是咱们医院老炊事员的儿子犯哮喘，人快不行了，赶上李田景值夜班，李田景说赶快去找姜主任。炊事员的儿媳妇半夜十一点去家里找我，我穿上衣服赶紧去医院。进病房一看病人喘得非常厉害，我就赶快处理。过了两个小时，病人情况有所缓和，能正常呼吸了。

我这人诊断快，处理得快。我果断，什么病就是什么病，别人还在考虑的时候我已经有了诊断和治疗方案。

西学中挖掘宝库　再障治疗喜报传

毛主席说：中医是个宝库，应该挖掘。各省纷纷成立西医学习中医班，研究中西医结合治疗，各个医院选派医生去中医班进修。

1959年，医院派我们四个人去河北中医学院学习，我离职带薪在那儿学了三年。医院派出去西医学习中医的人员，内科的黄炳英和眼科的车月九在天津中医院学习；骨科的王金贵在广东中医学院学习；刘炳仁、周慧玲、翟羽佳和我在河北中医学院学习。学院也从全国各地请有名的中医老师来讲课，记得当时涞源有个老中医挺出名的，请他过来讲，也请过南京中医学院的老师。进修时，本着不辜负毛主席和党的期望的原则，我十分珍惜学习中医的机会，下决心要做出一些成绩。除了看西医方面的专业书，我还看《本

▶ 河北中医学院学习留念（右二为姜静中）

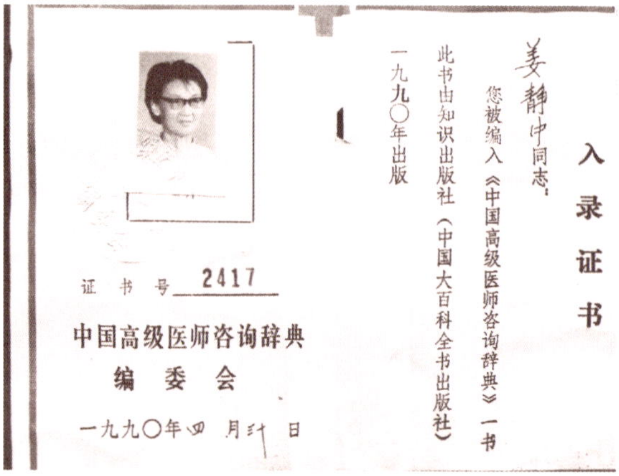

▶《中国高级医师咨询辞典》入录证书

草纲目》，因为要熟悉各种中药的药性及功能；还有就是多了解名医，跟名医学习。那时候咱们国家有几个名医，我买来他们的小册子做参考，看他们怎么用药，看方子里一味一味的药起什么作用。

回医院以后，我想我要想办法把中医利用上，不能辜负党的培养，然后我就以中西医结合的方式治疗粒细胞性白血病。当时有个病人，他的血红蛋白是十六克，我用中西医结合的方法给他治，治疗的过程中血红蛋白降到了十三克，病情缓解了。但是做了一次骨穿，结果显示还没有痊愈。他就又去北京的医院看，北京的大夫说：“这缓解得挺好，治得不错，你回去继续接受治疗吧。”

在这之后，我听从了白波主任的建议，开始用中西医结合的方法治疗再障，慢性再障血红蛋白五克六克这样的病例都治好了。治疗有了成绩，正赶上五一劳动节医院要向党报喜，就把我治疗再障的成绩一级一级地报到了卫生厅。卫生厅一调查，情况属实，就印发小册子宣传我治疗再障的事情，医院也举办展览展出我治疗的过程性材料和成果，然后让病人在全院大会上现身说法，讲述自己治疗和痊愈的过程。这样一宣传，名声就在上海华山医院、中国医大等一些医院治疗再障的同行中传播出去了，全国各地的同行都来医院参观学习，我们医院就出名了。米毅院长说：天天强调搞科研，有心栽花花不开，无心插柳柳成荫，没想到一个再障咱们还真成了！

再障是当时医疗条件下公认的不治之症，治疗起来也非常困难。很多病人都是病情严重到了出血的地步才来就诊，自身对治疗也没有太大的信心，我当时想：即便是不治之症，也得让病人有信心面对，否则这病真好不了。我就琢磨怎么才能让他们不再害怕疾病，更有信心地来接受治疗。后来我每天查完房就坐在病床前给病人念毛主席语录，就为了让病人思想上坚定能治愈的信念。“不会治”“治不了”这种话不能从大夫嘴里说出来，书本上写的是不治之症，可是我不那么想，也不能那么说。如果当大夫的说治不了，病人该有多失望，那绝对不行。

病情最重的是佳木斯林业局一个书记家的小孩儿，全国各地大医院都走到了也没治好，最后就打算回家等死了。后来听说我能治再障，就说“怎么也不能在家等死，就是死也得死在保定，然后捧着骨灰盒回来”，他们就抱着这种态度来这儿治疗的。病人的血红蛋白只剩下一克半了，输血之后到了两克半。住院七个月以后，经过我的治疗血红蛋白升到了七克，结果我出差三天没能查房，等我回来一看，病人嘴唇都白了，一检查血红蛋白又下降到了三克。当时心里特别难受，我就跟她妈妈说：“要不说这是不治之症，真是不好治。咱们好不容易治到七克，这一下又回去了，真是让人着急。”她妈是百货公司的老党员，安慰我说：“大姐，你别着急，我们来的时候也没指望一定能治好。你别着急，咱慢慢治吧。”她就这么劝慰我，即使她不这么说，我也得该怎么治就怎么治。

经过十三个月的治疗，病人的血红蛋白达到了十三克。病人刚来医院的时候，骨髓细胞就那么稀疏的几个；出院的时候，骨髓细胞密密麻麻地多极了，这肯定没问题，就是治好了。

她住院治疗时是十七岁，问我回去能不能谈对象、结婚、生孩子，我说："没准儿生完孩子能更好了呢。"后来她怀孕了，她妈妈担心身体康复的时间短，恢复不好，就问我的意见，我说："没事，怀孕了就生吧。"她妈妈不想让她生，就让她做流产。因为她情况特殊，在佳木斯大夫不敢给做，又上咱们医院让我看着给做的。后来，她也生了孩子，直到现在还跟我保持着联系，这是中西医结合治疗再障的成功典型。十三个月里血红蛋白上升到十三克，骨髓也恢复正常，正常结婚生孩子，现在都五十多岁了，身体还非常健康。

还有一个姓李的病人，我们医院开会的时候，让他在大会上发言，讲我给他治再障的过程，他也很感激我，那时候过年没吃没喝的，就给我送肉和白菜表达感谢。

什么都是革命工作　下功夫病人就受益

本来我在治疗血液疾病方面有了成绩，接着钻研下去就是最好的了，因工作需要，医院让我去进修呼吸专业。我想什么都是革命工作，都是治病救人，既然这样，我就听党的话，在上海中山医院进修呼吸。中山医院是上海第一医学院的附属医院，这里的呼吸科聚集了各地医学院呼吸专业的一把手，包括从美国回来的得过金钥匙奖的专家，在那里进修我收获很大。

那时候，周总理指示：要研究肺心病和哮喘，因为得这种病去世的人太多。总理都这么说了，我就研究中西医结合方法治疗肺心病和哮喘。得这种病的一般是五六十岁的人，发病的时候脸憋得都是紫的、黑的。治疗这类疾病，中山医院有血气检查仪、呼吸机以及其他检查仪器，我们医院当时条件还达不到。中山医院呼吸科的仪器是洋的，我就弄点儿土的，画个图，写上尺寸，让铁匠铺的人给打一个桶，盖子上引出来两个白铁做的对外通气的小圆筒，然后圆筒接上抢救病人时候捏的皮球，另一头蛇形管接上口罩。桶里头装上温度达七八十摄氏度的用来化痰的枇杷叶水，利用热蒸汽，通过皮球收缩让病人吸进去，吸气的时候连氧气带热气都往口罩里打，就这样，蒸汽进到气管里，很快就把干燥在里面的痰湿润了，病人把痰吐出来后，立即就能“解放”一大片肺泡。有了仪器就忙起来了，我们为几个病人轮番治疗。护士们说：“姜主任，你回来以后，今年冬天得肺心病的一个都没死。”为了治疗我真下功夫，只要大夫下功夫，病人就能受益。不管治疗哪种疾病，都要用心去钻研。治疗肺心病的同时，只要把呼吸衰竭的病理精通了，所有呼吸疾病就都会治了。提高技术的关键在于自己用心去学，也在于自己根据不同的情况竭尽全力地去治。

▶ 上海第一医学院中山医院进修

我研究的另一个方向是哮喘。哮喘是比较顽固的疾病，有一句俗语：“内不治喘（哮喘），外不治癣（牛皮癣）。”但是只

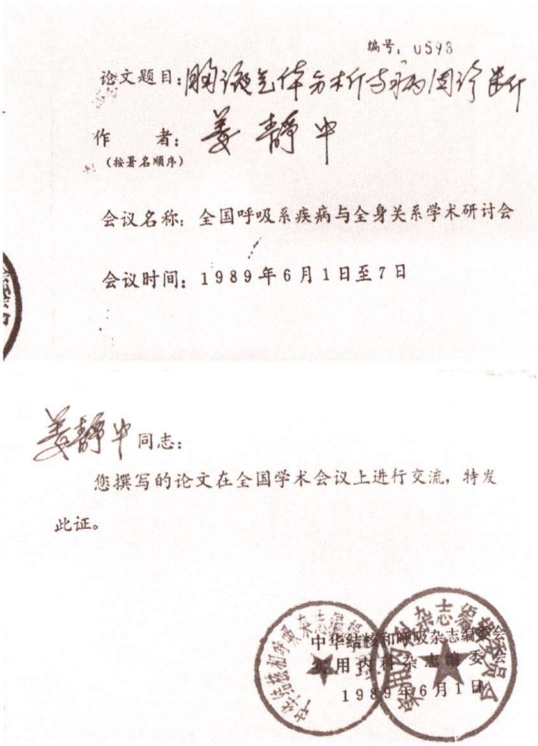
编号：0598

论文题目：胸液气体分析与病因诊断

作　　者：姜静中
（按署名顺序）

会议名称：全国呼吸系疾病与全身关系学术研讨会

会议时间：1989年6月1日至7日

姜静中同志：

您撰写的论文在全国学术会议上进行交流，特发此证。

中华结核和呼吸杂志编委会

1989年6月1日

▶论文在全国学术会议上进行交流的证书

要找到哮喘的过敏源，脱离了过敏的环境，哮喘也就根治了。

北市区商业局的一个负责人得了持续性哮喘，几天几夜地喘，我就想法儿给他治。用西医的理论，用中药的药性，哮喘就控制住了，之后我就帮他找哮喘的原因。每天早晨上了班，他就打开窗户换新鲜空气，天天这样。我跟他说："太凉的空气对你有刺激，你身体受不了，以后注意早上别开窗户。"从那以后，他就非常注意，哮喘就再也没犯。

我小姑子家的孩子一年犯几次哮喘，犯病之后就得上医院输液才能好。后来小姑子就把孩子送到我这儿来了，我在家给他输液治疗。治好了以后，我说我去他们家看看孩子对什么过敏。他们在药厂旁边的楼上住，屋子里挺干净，虽然挨着药厂，但屋里也没有药味儿。进到孩子卧室，床头上有一层很厚的灰尘，其实灰尘里主要不是土，是卷着的小毛毛。墙上钉了个板子，搁着相片儿、玩具之类的，那上头也落着厚厚的一层土。我说："这可不行，别说孩子，就是大人吸进去也很严重。一滴水进了气管，人都得咳嗽半天，这灰尘进去又咳嗽不出来，哮喘就是因为灰尘过敏，以后得天天擦床头和置物架。”当时这个孩子是上小学的年龄，现在他已经大学毕业了，因为注意了过敏源，他的哮喘再也没有发作过。

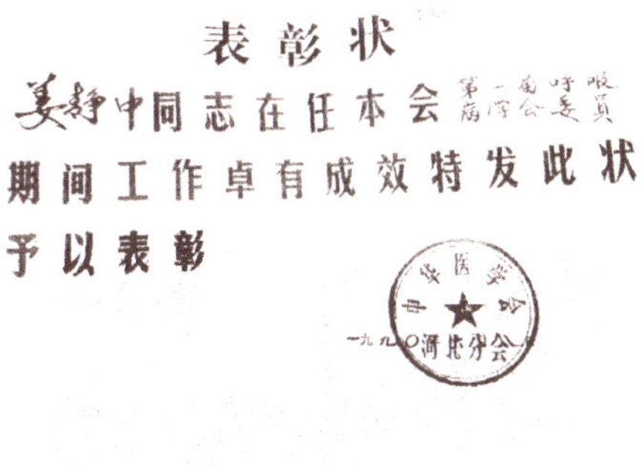
表彰状

姜静中同志在任本会第一届呼吸病学会委员期间工作卓有成效特发此状予以表彰

中华医学会河北分会

一九九〇

▶ 任呼吸病学会委员期间的表彰状

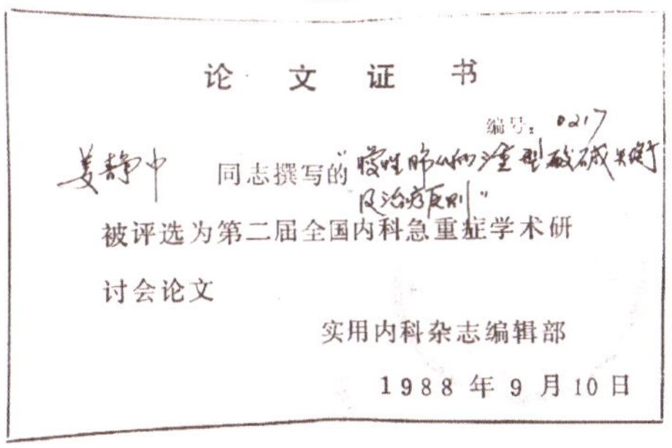
论文证书

编号：0217

姜静中 同志撰写的“慢性肺心病全型酸碱失衡及治疗原则”被评选为第二届全国内科急重症学术研讨会论文

实用内科杂志编辑部

1988年9月10日

▶ 学术研讨会论文证书

作为一名大夫，不能因为书本上写的是不治之症或当下没有好的治疗手段就放弃治疗，要竭尽全力想办法去医治病患。当年在晋县县医院锻炼，我遇到一个亚急性重型肝炎患者，别说县里，就是市里的大医院，对这种病也没有什么有效的药。现在最好的办法是输白蛋白，用激素，可是那时候什么都没有。我在苏联出版的塔里耶夫主编的《内科学》里看到过相关的知识点，对肝细胞再生有作用的一个是维生素C，一个是糖。因为糖是保护肝脏的重要物质，糖能合成肝糖原储存在肝脏中。我就给病人用上大量的维生素C，他要么就昏迷，要么醒了就闹，把输液管都给拔了。我就把葡萄糖和维生素C放进他喝的水里，然后就拿一百毫升的大注射器，让他的家属帮忙按着他，一天给他注射三次维生素C和葡萄糖，就这样把这位三十多岁的年轻人给抢救过来了。

医生要有医德，不管多困难，也要想办法创造条件去治疗。我们医院小石得了大叶性肺炎，化验结果显示白细胞增高，用西

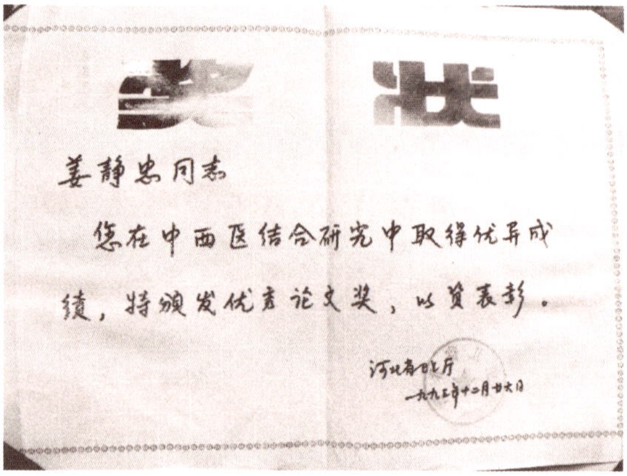

奖状

姜静忠同志

您在中西医结合研究中取得优异成绩，特颁发优秀论文奖，以资表彰。

河北省卫生厅

一九九三年十二月廿六日

▶ 河北省卫生厅表彰奖状

医的方法消炎，需要三周左右。他说："姜姨，你给我开几服中药吧。"我就给他开了三服中药。他当时发着烧呢，吃完一服药体温就下去了，吃完三服药，他就自己出院了。我问他怎么样了，他说吃完了药就上放射科照相去了，一照相阴影都没有了，什么症状都没有了。吃三服药就好了，我现在也解释不了，就证明中西医结合治疗的效果还是非常好的。刚开始我也没那么大的信心，从治疗再障产生很好的效果以后，我对中西医结合治疗就越来越有信心了。

治疗的过程中要讲究个体差异，同样的病不同的病人也会有差别，要讲究辨证论治。有一个再障的病人很难治愈，头天晚上住院时他鼻子一直滴血。我爱人是耳鼻喉科的，我看过他给病人治疗，我就把纱布裹在一起做了一个塔形的鼻塞子，拴上线，从病人嘴里放进去，拿血管钳拉出来一勒，放在他嘴里，那个尖儿在他的鼻子里头就给堵上了。因为他出血的部位深，是在咽部，所以在前面堵不住，用这个塔形的鼻塞子就给堵住了，止住血之后再慢慢治。但是我用原来的办法治，效果总是不好。后来我就请教袁院长，袁院长给我开了一个脾不归经的方子，治疗效果很好，我又学了一招。

望闻问切是基础　视触叩听需加强

不管时代怎么发展，治疗手段有多先进，治病还是要讲究望闻问切、视触叩听。

退休以后，清苑县交通医院聘任我做主治大夫。我家二儿子领着他朋友夫妻二人去找我看病，我先给他朋友的媳妇看，没有太大问题，开点药就可以。儿子的朋友说："你再给我看看吧，我心脏不好，到哪个医院看也没说具体怎么回事。"我就让他坐下拿听诊器给他听，结果一听他心脏问题大，主动脉瓣闭锁不全，我给他诊断的是主动脉增宽。主动脉增宽有三种可能性：第一种是梅毒性心脏病，这种病症状是主动脉增宽，但是梅毒基本上消灭了；第二种是冠状动脉硬化性心脏病，但他才二十多岁，这么年轻也不会得上这种病；这么排除下来，就只有第三种可能性，先天性主动脉增宽。我给他画了个图，给他讲清现在心脏是什么样的状态，让他去我们医院做心脏彩超，然后准备接受手术。他来到医院找心血管的小宋做彩超，医院大夫说不至于这么严重，但是做完彩超一看结果，跟我画的图一模一样。

做好医生要具备全面的基础知识。没有解剖的知识，就解释不了临床。一听诊就应该知道怎么回事，比如二尖瓣狭窄、高血压、肺心病，从听诊上就可以确定，所以四诊特别重要。那时，刚参加工作还在实习期的大夫不会听诊，也缺少临床诊断经验，因为我这人好说话，没架子，他们就让我帮忙听，我就帮他们听诊，然后给他们讲清楚。他们收了病人要向上级大夫报告病历，有不清楚的地方也先来问我，我给提供一些帮助。他们把病情诊断得准确，带他们的上级医生也欣慰。现在我要是去我们医院住院，各科的主任都会去看望我，那都是过去带学生时打下的感情基础。遇到不好诊断的病例找我去看，我就耐心、细致地给他们讲。他们刚一毕业，视触叩听都不懂，我就手把手地教他们检查肝、脾等器官的触诊技术。

四诊究竟有多重要，我再举个例子。肿瘤科的贾大夫跟我说他家姑爷在保定一所医院住院，断断续续一个月高烧四十度，让我给看看去。我到那儿看他的病历，又看了化验单，询问用的什么药，然后我就给病人听诊，检查了半天也没有发现异常，就是体温高。后来我就跟贾大夫说必须马上出院，在医院是治不好了。他想不通，说住院时都是求人才住进去的，我说："必须得出院，这是药物热，先出院再观察，不行的话再转院。"我给他开了三服中药，吃完就好了，停药一星期也没再发热，贾大夫很感激我。望闻问切、视触叩听非常重要，当大夫光会看化验单可不行。

我退休以后开诊所，望都一个局长的儿子发热四十度，因为我给他们局的一个人做过手术，那人就介绍他来我这里看。他们去诊所找到我，问："会治流行性出血热吗？"我说："会是会，但是我这里不能住院。"他说："有车，天天跑也没问题。"我给他听诊，肺部有湿性啰音，我说是肺炎。在医院照了X光片，我让他们把片子拿来我看一下，拍X光片时候给的电压太高了，正面和侧面部位都是黑的，没有太大的参考价值。我就给画个图，肺的上叶、中叶、下叶，大叶之间叶间膜增厚，X光片上显示大叶之间的膜是白的，而且膜也增厚了，另外白细胞的指数偏高，我听诊时又听到了湿性啰音，这些症状都能确定是右侧中叶肺炎。我就给他用消炎药，第二天输完液，病人的体温就从四十度降到了三十七度六，在诊所输了半个月的液体就完全好了。

干一行爱一行　严谨努力求实干

我这人老实，让我干什么就努力地干好，都是党的工作，干一行爱一行。那年头每年都有下乡任务，因为在医院天天查房，接触病人多，可以听上级大夫讲课，方便参加全市的学术活动，能学到很多东西，所以大家都不愿意下去。只要有下乡任务就派我去，每年两个月下乡任务，从上班开始就没有间断过。1963年发大水以后伤寒流行，我去安新县执行下乡任务，雄县工地上流行性脑脊髓膜炎疫情严重。流脑发病快，每天有五个到十个病人，病人送来时都很严重，内科大夫只有我一个人，我必须争分夺秒地抢救病人，病情稳定之后再送县医院治疗。1975年在蠡县桑园，万安的一个公社伤寒病流行，我们从桑园被借调到万安公社帮忙，伤寒控制住了，我们又回到桑园。还有一次规模比较大的是治理海河，那是全国性的会战，医院派一个小队去搞防疫，一个是骨科的季世川，一个是我，还有一个是外科的韩蕴。下乡时，我在医疗队里也努力做到最好，下去也是学习，不论在哪儿都值得学习。

我在职工医学院也承担教学任务，讲内科和呼吸学。每次讲课之前我都精心准备教学内容，每节课的内容、教学流程都要成竹在胸才上讲台。完成教学任务，实现教学目标，建立在医学理论和医学实践都熟悉的基础上，解剖、生理、临床、治疗、药物都要做到熟练掌握。要想做一名好老师，还得追求课讲得生动。有的时候我给一个班上课，其他班的也逃课跑到我们教室去蹭课，阶梯教室都坐满了。学生为什么喜欢听我讲课，我一看学生

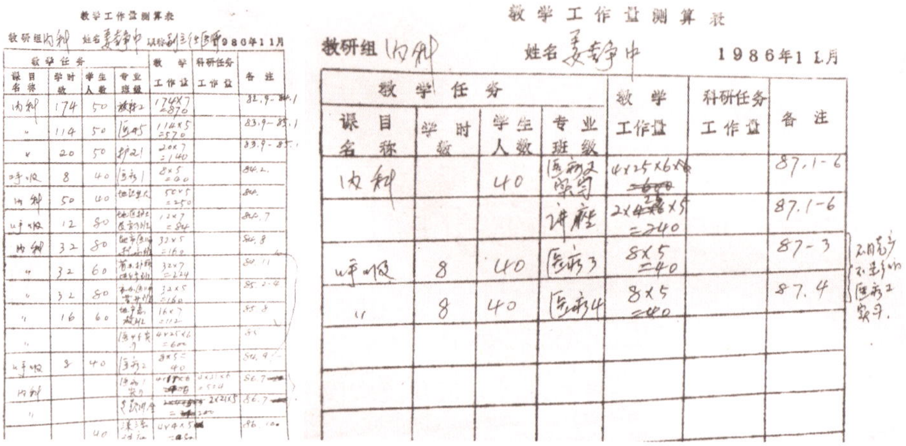

教学工作量测算表

教研组 内科 姓名 姜静中 职称 副主任医师 1986年11月

课目名称	学时数	学生人数	专业班级	教学工作量	科研任务工作量	备注
内科	174	50	[illegible]	174×5 =870		82.9–84.1
〃	114	50	医45	114×5 =570		83.9–85.1
〃	20	50	护21	20×7 =140		83.9–85.1
呼吸	8	40	医药1	8×5 =40		84.2.
内科	50	40	[illegible]	50×5 =250		84.
呼吸	12	80	[illegible]	12×7 =84		84.7
内科	32	80	[illegible]	32×5 =160		84.8
〃	32	60	[illegible]	32×7 =224		84.11
〃	32	80	[illegible]	32×5 =160		85.2.4
〃	16	60	[illegible]	16×7 =112		85.8
〃			医4实习	4×25×6 =600		85
呼吸	8	40	医药2	8×5 =40		84.9
内科			医药1实习	[illegible]	4×21×6 =504	86.7
〃			专题讲座	2×21×5 =[illegible]		86.7
		40	[illegible]	4×4×5 =[illegible]		86.10

教学工作量测算表

教研组 内科 姓名 姜静中 1986年11月

课目名称	学时数	学生人数	专业班级	教学工作量	科研任务工作量	备注
内科		40	医药2实习	4×25×6× =600		87.1–6
			讲座	2×24×5 =240		87.1–6
呼吸	8	40	医药3	8×5 =40		87–3
〃	8	40	医药4	8×5 =40		87.4

▶ 教学工作量统计表（部分）

里边有听课不积极的，就马上讲一个病例，病例讲完了，诊断方法、治疗手段他们也就都记住了。把病例当成故事讲，学生就有兴趣，爱听。另外就是把病例和实际结合，有实际的例子，这样教学效果就好。

我这一辈子，对党忠实，对工作兢兢业业，听从管理，服从分配，努力把工作做到最好。早先医院不让家属陪床，有的病人来自农村，卫生习惯不好，我就给他们洗衣服。工作这么多年，从来没有病人家属对我有意见。病人情况有变化找大夫，我一看门口的家属，就知道他是哪个床的，问明情况，还没等家属回床呢，我早到了。有一个病人呼吸衰竭，眼看着人快不行了，家属打算花四百块钱雇车转院去治，都订好车了，让我去看看。我把氧气给病人用上，处理一下，病人就缓过来了，脸色从紫黑变成红的了。我也没觉得有多困难就给解决了，进修的大夫们奇怪地问：“姜老师怎么做的就治好了？”我说：“没什么特别的，但是我去得特别及时。”

我1992年退休以后开始练习绘画，也没有经过专门地拜师学习，就是自己跟着电视上专题教学节目学会的，张老师在画上题字，我们家客厅里挂的都是自己的作品。只要有下乡送医疗或者是社区医疗宣传，我都积极参加；在菜市场上偶然聊起来的人，我也告诉他们老百姓过日子怎么防病、治病更经济实惠。

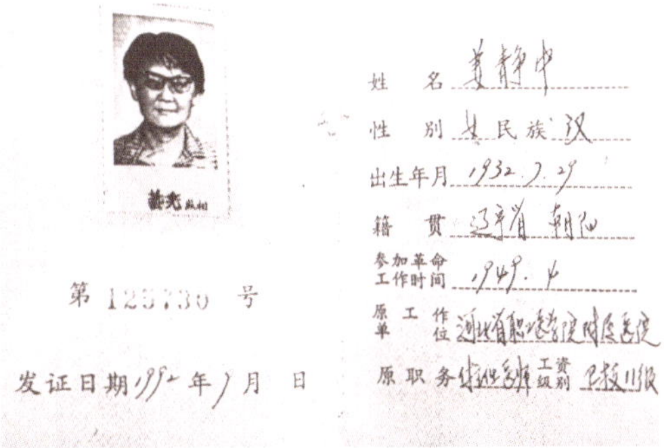

姓名 姜静中

性别 女 民族 汉

出生年月 1932.7.29

籍贯 辽宁省 朝阳

参加革命工作时间 1949.4

原工作单位

原职务 工资级别

第125730号

发证日期 年 月 日

▶ 副主任医师证书

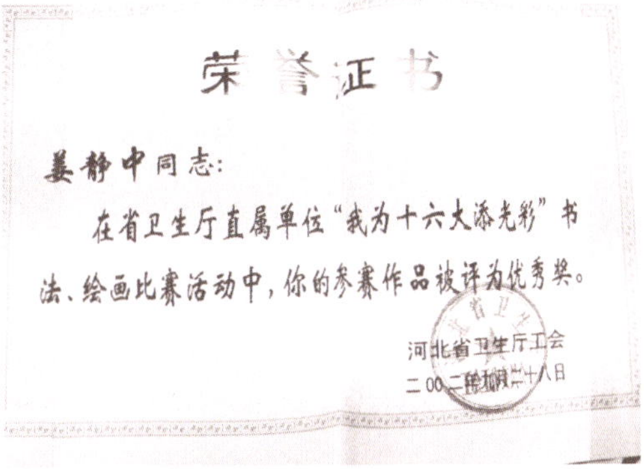

荣誉证书

姜静中同志：

在省卫生厅直属单位“我为十六大添光彩”书法、绘画比赛活动中，你的参赛作品被评为优秀奖。

河北省卫生厅工会

二〇〇二年九月二十八日

▶ 退休后绘画获奖证书

我们这一辈的人都有奉献情怀，现在医院需要培养全科大夫，如果需要我讲课，我仍然非常愿意去教学生。虽然年龄大了，但生理解剖的知识、人体组织的构造等专业知识都清清楚楚地印在脑子里边；消化道生理结构上的哪一段具体有什么功能，全都很清楚；关于疾病的诊治业务也很娴熟，我很乐意将这些知识告诉年轻人。

我始终拿党员的标准来要求自己，谦虚、认真、负责、兢兢业业、不分昼夜地干，忠实于党，一心为工作，什么时候都没有二心。

▶ 参与省医院宣传抗击非典活动

访谈后记

一个轻声细语，一个快言快语，这是张子征和姜静中两位老师给人的最初印象。

在两位老师家摆放沙发的那面墙上，挂着“happy”英文单词的塑料装饰摆件，是一次生日聚会时布置上去的，它真实地反映着这个大家庭的欢乐和幸福。张老师和姜老师就在这张沙发上接受了我们的采访。

穿过几十年的历史隧道，重拾过去的经典时刻，两位老人都有些激动，但他们依旧思路清晰、情感真挚地回忆起那些人和那些事，不时地跟对方说：“那个谁，叫什么来着？你把那件事讲一下。”他们在彼此生命中占了那么长的时间和那么重的分量，一起携手走过那么长的路，一起有过那么多深刻的经历，见证彼此的青春、奋斗、挫折、成长，这一切让我们满怀崇敬和倾慕。

她雷厉风行，聪明勤奋；他儒雅沉稳，认真严谨。他谈起她用中西医结合方法治疗再障，经典的病例如数家珍；她提到他用两个小时完成漂亮的手术，眼睛里闪着光亮。青梅竹马、举案齐眉、相敬如宾、琴瑟和鸣……他们的爱情在历经风雨后如彩虹般绚丽，他们的婚姻在互相欣赏中经营成圆满和美好。

他对她的爱如细流涓涓，因为她立志学医，他也选择医学专业；她对他的爱如春风拂面，他是拿手术刀的，做的是精细活，要保护好一双手，那搬煤球拉板车的粗活就她来做……一个治疗再障被卫生厅表彰，一个完成漂漂亮亮的手术震惊同行，他们用自己的勤奋和努力让生命变得那么充实和厚重。合作搞科研，合作书画创作，他们把平凡的日子过得有声有色。

爱情是什么？柴米油盐中的琐碎最能检验爱情的纯度，岁月的磨砺中最能考验爱情的坚贞。他们都是医者，所以更能互相理解和互相支持，他们的爱中有着那么深沉的欣赏和包容。这样的工作，这样的爱情，都是世人所向往的。能如是，夫复何求？！

王统锐、崔文轩夫妇

王统锐和崔文轩都是省医院的老专家，既是夫妻，又是同事，志同道合，相濡以沫。

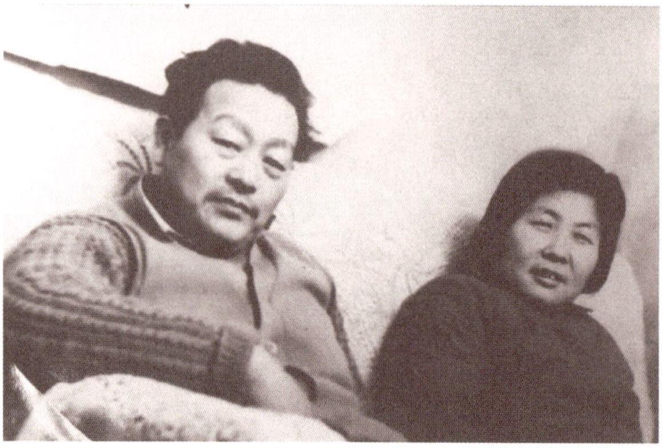

王统锐，男，1931年出生于山东单县。1952年参加工作，1956年入党，1959年毕业于河北医学院医疗系。河北省职工医学院附属医院胸心外科主任医师，曾任医学系副主任、党总支书记。对胸心外科疾病诊疗有丰富经验，特别对食管癌、肺癌及纵隔肿瘤诊治有独特见解；在体外循环下，对先天性心脏病畸形行缺损修补术及心脏肿瘤切除术方面有相当造诣；对化脓性心包炎、早期心包切除术及脓胸早期扩清术有丰富的经验。

崔文轩，女，1931年出生于河南禹县。1956年毕业于张家口医学专科学校，河北省职工医学院附属医院内科副主任医师。1956年至1958年，任河北省寄生虫病防治所医师；1958年至1961年，任唐县医院内科医师；1961年至1988年，任河北省职工医学院附属医院内科副主任医师。在心肌梗死、冠心病、心肌病、风心病的治疗方面积累了一定经验；开展中西医结合治疗心律失常，找到了一定规律；开展以奎尼丁为主行心房纤颤转律治疗，效果很好。

访谈时间：2019年8月8日—9月15日（共五次）

访谈地点：王统锐、崔文轩家

被访谈者：王统锐　崔文轩

访 谈 者：种竞梅

（文中所有照片均由王统锐、崔文轩提供）

王统锐、崔文轩：救死扶伤不是口号，是行动！

一、少年记忆

父亲的影响

我1931年5月1日出生于山东单县。实际上这个日期不见得对，因为记不准了，为了好记，出生日期就定了个5月1日。

我的家庭是个知识分子家庭，父亲毕业于燕京大学，几十年一直教语文；母亲是家庭妇女。爸爸对我的影响很大，他要求孩子们要有文化，认为从事教育工作是比较理想的，因为教书可以育人。

记忆中，我的小妹妹十几岁的时候因病死亡。当时医学不发达，缺医少药，好多病都治不了。我当时就有想法，要不我就当医生吧，能够为家人、为病人解除痛苦。

父亲刚开始在刘口小学教书，由于社会的动荡，后来到了河南禹城教中学；再以后到过安徽阜阳，又到江苏镇江鲁尔林中初中部当主任，教语文；解放以后，回到山东菏泽一中，继续教书，做了一辈子教员。他对我的影响很大，我做了一辈子医生，同时也教了一辈子书。父亲教的是小学生、中学生，我教的是医学院的大学生。

上流亡学校

我在老家上的小学。到上中学时，赶上抗日战争，日本军队向南侵犯，沦陷区的学校师生不接受奴役教育，纷纷奔向大后方，于是出现了流亡学生和流亡学校。

我中学时基本上就是随着父亲上流亡学校。现在安徽阜阳一个地方曾是国民党占领区，日本兵没打过去。上初中时住宿，睡大炕，学生全是山东过去的。

读高中时回到山东济宁，战争再起，又流亡到了江苏常州，读的还是流亡学校。高中毕业，正好赶上解放，共产党解放了江南，我终于回到了山东老家。

二、学医岁月

选择平原省医学专科学校

1950年高中毕业后，我报考了两所学校，一所是平原省农业学校，另一所是平原省医学专科学校。农业学校的录取通知先到，我就去农业学校报到了。到校以后，发现每天都要种地，我

▶ 平原省医学专科学校青年团成员（后排中为王统锐）

▶ 在汉县疗养院为志愿军服务（第三排右二为王统锐）

▶ 汲县志愿军休养同志赠送的纪念册

感觉受不了，也不愿意学。后来，我惊喜地看到报纸上平原省医学专科学校招生录取名单里也有我的名字！因为两个学校不是同时录取，入学的时间也有早有晚。所以我立刻决定去上医学专科学校，农业学校不肯放我。不放我，我也得走！然后，我就到平原省医学专科学校报到了。

为什么放弃农业学校选择上医学专科学校？说心里话，当时上农业学校太累、太受罪，上医学专科学校能学到技术，毕业也好找工作；二是学好医学本领，能够为病人治病，也受人尊敬，同时家人也受益。

在平原省医学专科学校学习期间，我曾参加抗美援朝医疗队，在河南汲县志愿军疗养院做了三个月的志愿服务，那时完全是自愿的，义务的。疗养院有二三百位病人，都是从朝鲜战场回来的志愿军。病的病，伤的伤。那些同志从战场上下来，经历了生死考验，脾气很大，我们主要是帮着做护理工作，打打针，喂他们吃饭，搞搞卫生。志愿服务结束后，他们还赠送给我一本纪念册。

以第一名的毕业成绩留校（1952年8月至1953年5月）

我一毕业就留在了平原省医学专科学校附属医院，之所以能留下来，是因为我毕业考试得了第一名，学校就让我留校了。这件事平原省的日报都有报道。我分到附属医院外科，从事一般的普通外科工作。

1952年11月，平原省撤销。平原省医学专科学校搬到现在的北京通州，当时归河北省管。之后通州又归北京，所以学校又搬到保定。这个学校复杂得很，名称多次变化。

在华北行政委员会卫生局工作（1953年5月至1954年8月）

平原省一取消，我就跟着学校和一些老教授搬到了北京，住在东四六条班大人胡同的一栋两三层的楼，开始在华北行政委员会卫生局工作。当时筹备成立华北医院，作为筹备组人员，我的主要工作就是下乡搞一些筹备检查。后来，我参加过华北医疗队，到涿鹿县下乡，开展防病治病工作；有段时间还曾经去张家口医学专科学校附属医院帮助工作。当时就想趁着年轻，多学点儿东西，多干点儿事。

后来领导说，你这么年轻，要想继续学习，就去读本科吧，所以我就报考了河北医学院。

河北医学院深造（1954年至1959年）

河北医学院校址在现在的河北大学，房子不多。我算是“调干生”（为学习而调离工作岗位的在职干部），入学后，政治教员问我：“你就是王统锐啊？”可能因为我平时爱学习毛泽东著作《矛盾论》《实践论》等，政治考得很好，所以他一下就记住了我的名字。

大学里我在本十甲班，全班一百多人，我当班长。我们这一届应该是新中国成立以后招生人数最多的一届。学生多，来源也复杂。有一直上学的，有调干的，还有参加抗美援朝回来的。我们本十甲班出了很多人才，在河北医学院历史上非常有名。同学们毕业以后被分到全国各地，在北京、天津的最多，在上海、广州、保定、石家庄的也有，还有的同学留校。不论搞什么，我们班的同学都是骨干。

我记得上学期间，除了学习，还搞过很多运动。毕业前返校教育等待分配时，学院派我们班去平山地区修铁路，我是队长，带领同学们吃住在工地，二十四小时三班倒；后来，我们班同学又去河北医学院附属二医院挖地下管道，我还当队长，带着同学们干了两个多月，非常受锻炼。

畢業文憑

學生王統銳於一九五四年九月　日入本院醫療系本科學習醫療專業五年，現已學完全部課程，成績及格，准予畢業。

河北醫學院

院長劉璞

一九五九年十月　日

本　干文憑登記第0072號

▶ 河北医学院毕业证书

大学期间的学习，

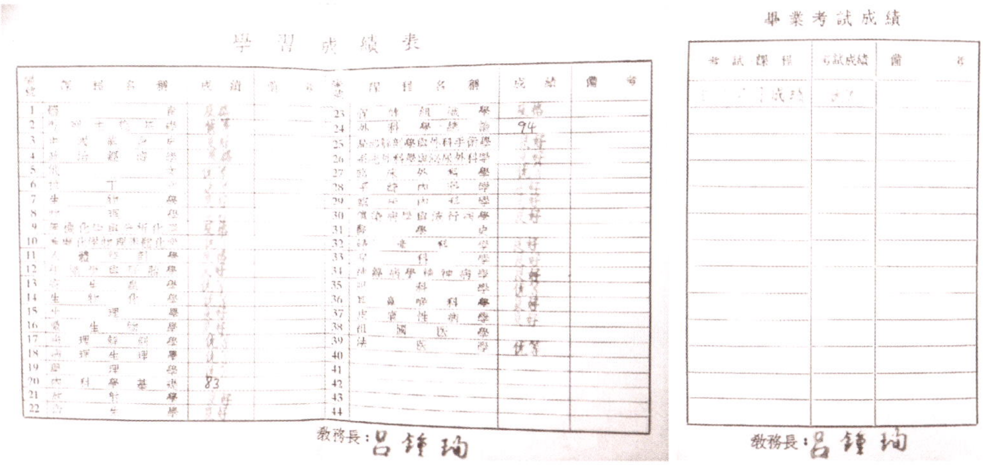

▶ 学习成绩表

印象深刻的经历就是学习解剖。晚上，我一个人到存放尸体的解剖室去学习，观察各种器官，记住名称、部位等。别人夜间都不敢去，我敢去。我是很胆大，但更主要的是我当时已经从医学专科毕业，又继续读本科，对医学的认识进一步深入。这经历和别人不一样。

三、从医岁月

分配到省医院胸心外科

1959年大学本科毕业，我被分配到保定医学专科学校附属医院（后更名为河北省医院，今河北大学附属医院）胸心外科，开始了长达四十余年的医疗、教学、科研工作。

医院领导很重视我的成长，曾对胸心外科石文滔主任说，对我要重点培养，抓紧培养，尽快成才。在石主任的培养下，我很快就掌握了胸心外科的一些基本手术和治疗。两年后，我可以做食管癌切除手术，先天性心脏病、先天性心脏病导管未闭手术，一般胸科疾病的治疗工作我都能做。

胸心外科的工作忙得很，当时，我的主要工作一是在门诊看病，二是在病房管理病人。我大概管着十几个病人，每天在上级大夫带领下查房、看病，最早是做助手，然后上手术。在实际工作当中，我比较善于总结成功的经验和失败的教训，所以一步步地提高了医疗水平。有句话说得好："师傅领进门，修行在个人。"

一般来说，胸心外科的手术时间都比较长，比如一个食管癌手术，上手术台就得四个小时。手术需要一个团队——我、两个助手、两个护士，还有麻醉师——共同完成。一般食管癌在左侧开胸，顺着肋骨做一个切口，食管在脊柱旁前面一点。打开食道以后摸到肿瘤，慢慢地切开、分离，分开以后把胸腔和腹腔之间的膈肌打开，把胃游离开，然后把胃提到胸腔来做吻合，再做一个闭式引流，关胸。

食管癌手术时间长，是因为一要切除肿瘤，二要重建，不重建无法解决患者的吃饭问题。类似的手术每周最少安排一到两次，因为河北保定是食管癌高发地区，患者多。

心脏手术最复杂，首先要建立体外循环，打开心脏包膜，切开暴露，把主动脉接上管子，还要接个静脉管，两套管子才能循环起来。建立好体外循环后使心脏停止跳动，患者有体外循环做依靠，我马上开始手术，手术该怎么做就怎么做。做完手术以后恢复原位，然后把管子慢慢地拔掉，缝合好动脉血管，手术才算结束，然后等病人慢慢苏醒。从建管子到去除管子这个过程需要好长时间。

60年代的胸心外科

60年代，省医院的胸心外科技术比较先进。60年代初就可以开展食管癌、贲门癌切除手术，还可以开展髂外动脉血栓取出术、先天性心脏病动脉导管未闭术。1960年，第一例风心病二尖瓣狭窄型闭式分离术成功；1964年，第一例先天性心脏病房间隔缺损在低温麻醉下直视修补术成功，第一例室间隔缺损修补和主动脉瓣狭窄直视手术成功。那时我们医院做的这些手术也就北京、上海、广州等地能做，别的地方一般真做不了，所以说省医院的胸心外科水平还是挺高的。

我们的科主任石文滔，东北人，比我大十几岁，很有股子钻劲儿。去上海进修班进修一年，回来后就开展一些手术。他在手术技术方面搞得比较好，胆子也大，敢干。我现在还认为，实践才能出真知。只有在实践当中不断地学习，医疗水平才能提高。石主任是我的指导老师，对我影响很大。我跟随他在实践中学习，逐步掌握了手术技巧和治疗方案。他给我的最大影响是对待病人认真负责，事事走在前面，不怕困难，只有学好本领，才能为病人服务。

胸心外科逐渐得到恢复和发展

“文革”结束后，胸心外科需要尽快恢复工作和发展。我被任命为胸心外科主任，开始带领大家逐步提高科室的医疗技能，开展创新手术。

1975年，医院派我和麻醉科医生、手术室护士组成一套班子，去广东省人民医院心外科进修，脱产学习一年。广东省人民医院的罗正祥主任是有名的胸心外科专家，他已经能开展体外循环下心脏直视手术。我们这次进修的目的就是要把这个技术学到手。

说实话，这次进修机会来之不易。人家说，像你们这个级别的单位我们根本就不接受进修申请，你们能来广州进修学习这在全国是独一无二的。原因是人家觉得我们这种级别的医院，其医疗水平、设备条件都不具备，并据此判断我们根本开展不了手术，学了也是白学，所以干脆拒绝申请。我们之所以得到允许，是因为我们医院放射科主任郭林希和广东省人民医院办公室江培主任是老战友，人家照顾我们了。

我们的学习压力自然不小。这一年里，我们直接管理病人、上手术，同时听专家老师讲课、示教等。主任查房时，我们紧紧跟在后头学，认真听讲解，跟着他们管病人，上手术台。麻醉科的人帮助麻醉，手术室的护士上手术台亲自操作。他们的病人来自全国各地，手术也有做不下来的，这个手术难度实在太大了。

进修回来后，我们医院就购置了体外循环机等设备。我先做动物实验，做了好多次，成功以后才应用于临床。为了手术更保险，我和在山东青岛医学院当眼科主任的大学同学宋立英联系，带了一个班子去他们医院学习，看看人家是怎么做手术的，还到北京阜外医院观摩学习，派下面的大夫进修一年……学了真不白学，就这样，我们把这项技术开展起来了。当时全国开展这个体外循环下心脏直视手术的医院并不多。

除了开展先天性心脏病房间隔缺损、室间隔缺损修补术，我们还做心脏左房黏液瘤切除、风心病二尖瓣置换等手术。有些很复杂的手术，我们这儿开展不了，就和北京中苏友谊医院、北京中日友好医院搞协作，医院里面有我的同学，我就请他们过来帮助我们开展手术。我们还邀请河北医学院附属二院的胸外科专家过来，就这样，逐渐提高了省医院胸心外科的医疗水平。

在我和同事们的共同努力，胸心外科的工作逐渐恢复并发展了起来。2000年左右——那时我已经退休了——胸心外科分成胸外科和心外科两个独立科室。

我和爱人工作上互相支持

我和老伴儿崔文轩选择的科室工作都挺累：我在胸心外科，省医院的病人特别多，手术也多，工作特别累；她在心血管内科，也特别累。俩人忙起工作来，根本顾不上孩子。我的女儿从读小学开始就住校，在河北小学；儿子在六一小学上学，他不住校。

我的女儿能进河北小学读书，还得感谢罗庭桂主任。当时河北小学能提供住宿，但是只招收河北省委干部的子弟。罗庭桂主任和河北小学的校长是老战友，关系特别好。他很清楚我们夫妻俩工作忙，没法儿照顾孩子，于是就打了个电话求助他的老战友，河北小学破格招收了我们的女儿。孩子一个星期里只有星期日回家，平时吃住都在学校，这样就解决了我们俩工作的后顾之忧。

我们俩经常随医院组建的医疗队下乡，一去就是半年，有时候一年，主要是在保定市的各个县，吃住在老乡家，防病治病。

我下乡，她在家；她下乡，我在家。我曾经带队去过博野、唐县、涞源、蠡县、易县等。

“文革”期间，老伴儿去上海中山医院心血管内科病房进修一年。这是一次难得的进修机会，她非常努力。进修以前在普通内科，回来后就定到心内科。经过进修学习，她的技术提高很快。别人不敢处理的复杂病例，她能处理；奎尼丁别人不敢用，因为存在一定的风险，但是进修时老师教过，所以她也敢用。1976年唐山大地震，她参加了医院组织的抗震救灾医疗队，赴唐山开展救灾工作。

我俩的工作都很忙。我做完手术，下了手术台非常累，她就主动帮我做好饭；同样，她抢救病人回来，我就主动把饭做好，让她去休息。我们俩一个外科，一个内科，工作上互有配合，也常交流病人的治疗问题，选择最佳治疗方案。比如她们内科病人，需要做心脏手术的，就转到我们胸心外科；做完手术，如果出现心律失常需要疗养，就回到心内科调理。她管内，我管外，业务上互相支持，生活上互相照顾，取长补短，互帮互谅，关系还是比较好的。

用心研制，技术创新

早些年，国家还比较困难，医院经费不足，医疗设备不足，开展科研有一定的困难，但是有医院领导支持，同事们一起努力，自己用心琢磨，也出了一些成果。

我研制出了肺门控制器治疗肺癌患者。在肺癌切除手术时，用肺门控制器把肺门的血管控制住之后再做手术可以不出血或者减少出血，效果不错。后来我写了论文，在全国会议上交流，反映良好。

我首创了应用涤纶片修补巨大膈肌缺损。在临床工作中，遇见了一个极难治疗的病例，外伤大面积地破坏了膈肌，而胸腔和腹腔又必须由膈肌隔开，那就得绞尽脑汁想办法。我想到用涤纶片代替膈肌，从而把胸腔和腹腔分离开。在全国我是首例使用，幸运的是我碰到了合适的病例，如果没有遇上这样的病人，就不会完成这样的手术。

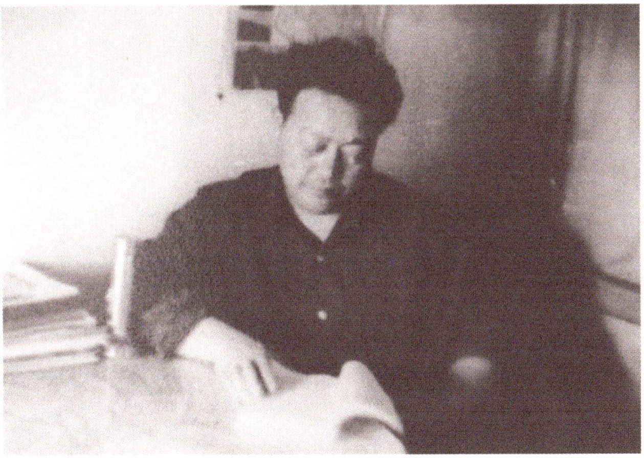
▶ 王统锐工作照

我还成功完成了首例食管上段塑料管成形术，撰写的论文在国内杂志上发表。那是五官科的一个病人，他的食管上段断了，需要接起来，但苦于距离太长没法儿接，当时我都觉得没办法了。耳鼻喉科主任请我去会诊，让我给病人手术。因为这样的病人很少见，机缘巧合让我碰上这个病例了。病人有了困难总得解决吧，这就促使我想方设法发明创造。然后，我就发明了塑料管成形术。用一根塑料管把食管两端连接起来，起到支持作用，等到食管慢慢地沿着塑料管生长、成形后，再把塑料管拔下来。这在全国也是首例。

另外，我对食管癌治疗术有着自己的见解，因为做的手术太多了，有上千例。当时手术缝合，得一针一针地缝，我就想研究一个东西，如果用这个工具一压，“咔”一声就行，那该多好！

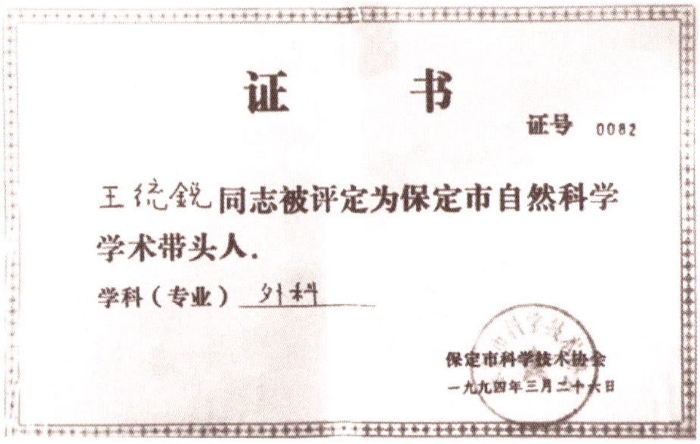
证书
证号 0082
王统锐同志被评定为保定市自然科学学术带头人.
学科（专业）外科
保定市科学技术协会
一九九四年三月二十六日

▶保定市自然科学学术带头人证书

结果一查，国内已经有这个东西，叫“吻合器”，我就赶紧买了，在之后手术中就用上啦。

四、那些让我牢记终生的患者

我最自豪骄傲的，是那些让我牢记终生的抢救成功的患者。

抢救英雄

20世纪70年代，唐县医院转来一位危在旦夕的刀伤患者。这位患者是个三十来岁的小伙子，全身多处刀刺伤，左胸处刀伤最严重，差点儿扎到心脏，肺破裂，血气胸，失血性休克。

患者一送到医院，根本来不及进病房，直接就进了手术室。当时患者已经是昏迷状态，马上安排输液、输血，立即手术。

因为患者送医院比较快，抢救得也及时，术后送回胸外科重症监护病房，治疗痊愈后出院。这个抢救工作，要分秒必争，晚一分钟患者可能就会死掉。除了迅速和果断，还要正确判断，恰当处理才能确保抢救成功。

这位患者叫李树桐，是唐县供销社职工，他为了保护国家财产，与暴徒搏斗，多处刀伤，生命垂危。因为他是英雄，领导来医院看望慰问，

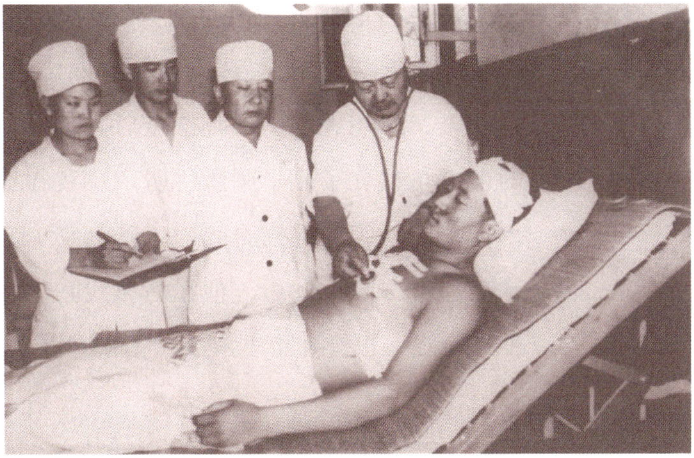
▶ 为英雄李树桐诊疗（右一为王统锐）

记者也随同到病房采访。后来《保定日报》报道了这位英雄的事迹。这张照片就是当时我带领科里的医护人员查房时所拍。

几十年过去了，看到这张照片就会回忆起往事。医生已经把全心全意为病人服务，实行革命人道主义的精神记在脑海里，融入血液中。治病救人是医生应尽的义务，救死扶伤不是口号，是行动！

抢救病人，时间观念非常重要。我只要一听见“王主任，来病人了！”就会毫不犹豫地马上跑出去。分秒必争，差一点儿都不行。人抢救过来了，都挺高兴，感到安慰；人要死了，都觉得心里不得劲，不好受。心里总想：这个病人为什么没有抢救过来呢？怎么就死了呢？实际上我也知道，病人不可能百分之百地抢救成功，一个原因是他来得太晚了，第二个原因是病太重，伤到了要害部位。

与患者成了好朋友

谢××，三十二岁，男性，保定市五金公司的职工。他进食困难，只能进水。来院检查后，我发现食管中段明显狭窄，当时考虑是误食了化学刺激物所致。我在全麻下行食管中下段切除术，把胃从腹腔提到胸腔内，行食管上段在胸膜顶处与胃吻合，术后痊愈出院。此后，他经常与我联系，我们成了好朋友。至今他还健在，也有八十多岁了。

小患者痊愈十一年后来看我

满城惠阳机械厂一位职工的女儿，四岁，来省医院检查，发现右侧胸腔内巨大畸胎瘤，必须手术。我在全麻下行巨大畸胎瘤切除术。切除巨大畸胎瘤后患者出现严重的不适应，导致心动过速，心率特别快，非常危险。我一直在病房的床旁监护，不眠不休看守了十余个小时，视情况随时进行治疗，孩子转危为安后我才离开病房。让我没想到的是，痊愈出院后过了十一年，父亲特意带了女儿来医院看我，以示感谢。孩子已经长大成人，很精神。我非常高兴与欣慰。

“你这是在侮辱我！”

有一位食管癌患者的家属找到我家，放了个包儿就走了，当时我不在家。回家后，我爱人说有一名病人家属来看我，还拿了个包，结果我打开包一看是钱，我当时就很生气，马上把病人家属叫来，说：“你这是看不起我，你侮辱我，你的病我坚决不治。你给我出院，马上出院！”这个病人家属一直说“对不起，对不起”，我说：“你要不把钱拿走，你就马上出院。你这是侮辱我，我不给你治病。”他再三向我道歉，把钱拿走了。我尽心尽力地治好了那个病人。我现在想起这事来还很生气，那个时候的医生大部分都是这样的。从那以后，病人知道我不收礼，以后再也没有发生此类事情。

当年的医患关系比较好，患者对医务人员比较信任和尊重，也很友好，医患之间互相了解，谅解多，分歧少。

五、我做了一辈子医生，也教了一辈子书

牵头成立医学系

1982年，河北省委任命我为医学系副主任兼党总支书记。我牵头成立了医学系，在医院的门诊楼设立了医疗系办公室，领导联系各教研组的教学工作，负责组建临床教学科研组，内科、外科、妇产科、儿科等教研组逐渐建立；培养临床教师，指导临床各教研组按教学大纲完成任务。

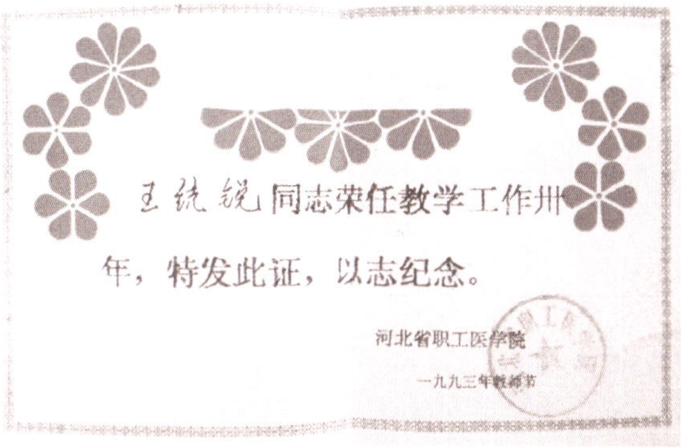

▶ 从教三十年荣誉证书

1987年，我任副主任医师，副教授，承担临床外科教学，带领学生实习，编写教材，每学期都下达教学任务，并检查任务完成情况。

培养医生

在培养下级医生方面，我主要做了四方面的事情：第一，培养胸心外科接班人；第二，培养科内的医师；第三，培养军医；第四，培养县医院专业医师。

当时林华从张家口医学院毕业分配到省医院胸心外科做住院医师。林华的母亲是我们医院放射科郭林希主任，我们老同事之间关系很好。有一次她郑重地拜托我："好好培养培养林华这孩子。"

林华手巧，爱动脑，听话，老实，爱学习，有上进心。我自己的两个孩子因为种种原因都没有学医，我想培养林华做接班人。此后，我与他一块儿门诊看病，一块儿做手术治疗，管理病人。他对病人认真负责，医疗技术提高得很快，开始做手术时我当术者，他当助手，我一边手术，一边给他讲手术注意事项。逐渐地，他当术者主刀，我给他当助手。从一般手术到复杂手术，林华完成得都比较好。

开展体外循环下心内直视手术时，我带着林华一块儿做动物实验，一块儿参加手术，逐步完成了各类心脏直视手术。阴慎齐院长在手术台下观看手术，说："林华手术做得好！"经过几十年的临床实践，他成长为合格的胸心外科领头人，在我退休前，他已领导胸心外科工作，同时给医学院学生讲临床课、编写教学大纲、带学生实习等，在保定医界也小有名气。

对科内其他医师我同样抓紧培养，使他们能尽快完成胸心外科各类疾病的治疗，先后送白浩医师去武汉医学院附属医院胸心外科进修一年，送刘福林医师去北京阜外医院心外科进修学习一年。

“文化大革命”时，驻保解放军进驻我院，培养军医成了我的教学任务之一。先进卫生科史友康院长、陆广林副院长曾跟我学习过。同时，我常去先进卫生科医院会诊、手术等。某师医院王德俊军医、先进卫生科张军医等还曾来我科进修学习。

县里的胸心外科医师也来省医院进修，参加治疗病人，特别是临床外科手术治疗，学习各项技术；必要时我们还去县医院培养专业医师，比如涞源县的梁医师、易县的王文生医师等都是我们培养出来的。

科研与其他社会工作

我多次参加全国中西医结合治疗癌症会议，深受启发，研制了“717”“719”中药制剂，动物实验后应用于临床，主治食管癌、贲门癌等，在防止复发或者减轻化疗反应、增强免疫力方面反应良好。

从事临床工作四十余年，通过抢救、治疗患者，总结经验，我先后撰写论文二十余篇，如《食管癌贲门癌外科治疗附286例临床分析》《肺癌外科治疗附80例临床分析》《严重胸外伤外科治疗体会》《治疗原发性肝癌32例分析》《中草药斑蝥素治疗原发性肝癌32例分析》《自制“719”中药配合手术治疗中晚期食管癌贲门癌外科治疗》等，有的发表在

▶《中国高级医师咨询辞典》入录证书

医学期刊，有的在全国学术会议上交流，其中几篇还获得优秀论文奖。

我还担任了一些其他的社会工作，曾任河北省胸心外科学会常委、河北省抗癌协会常委、中华医学会会员、中华抗癌学会会员等，兼任保定市医疗鉴定委员会、保定市胸心外科学会的主委、保定市科技带头人，多次被医院评为先进工作者。

退休后发挥余热

我在1992年办理了退休手续，退休后继续返聘在科里工作，按医院的规定七十岁就不再返聘了，我一直工作到2002年，当年我六十九岁多，马上就到七十岁。

离开医院后，我和老伴儿到了珠海养老。我居住的房子一路之隔就是暨南大学珠海学院。珠海学院特别美，有湖有水，我时常到那里锻炼身体。一次遛弯儿的时候碰上学院的院长，聊得很投机，就算结识了。后来，这位院长征求我的意见，问我能不能帮着学院办个医务室，说我们老两口也可以借此解解闷。我想了想，就答应了。后来帮着珠海学院建了个卫生室，聘了两位护士，我们老俩一个负责内科，一个负责外科。就这样，我们边养老，边工作，过得也挺充实。

珠海是个美丽的城市，我们在那生活了十来年。老伴儿一直有糖尿病，后来我患了腰椎间盘突出。八十岁的时候到北京做了个手术。效果并不好，脊椎压迫神经，一走路就疼，所以只好停止工作了。如果身体允许，我还想继续在珠海待下去。

六、回顾我的医路人生

回顾我工作了四十年的省医院，非常感慨。五六十年代，省医院才有三百来张病床，但技术先进，即使在国内也算比较先进的，群众也比较认可；七八十年代有病床五百张，医务人员一千名左右；2000年的时候，病床发展到三千张，人员两千多，这在全国来说已是规模较大的医院了；进入新时代，社会在发展，技术也在不断创新，医院各方面发展得很好，将来我们的医院会发展得更好。

过去的医院靠医生的技术和经验来治疗病人，而今看病一个是靠先进的医疗设备，再加上医生的技术经验；过去手术切口大，现在是微创手术就能解决，切口小多了；过去靠人手操作，今天靠仪器再加上人手，疾病的治愈率得以提高。

我认为医生应该具备以下职业素质：一心为病人，不计较个人得失；救死扶伤不是口号，而是行动，治疗病人是医生的本职；拥有过硬的临床技术，精益求精，善于总结经验，首选最佳治疗方案。

医生这个行业必须不断学习，才能不断提高。仪器是死的，人是活的，不学习就要落后，更新才能创造；而且，在临床实践中学习尤为重要，在成功中找经验，从失败中找教训，一步一步提高；同时，还要学习导师的优点和长处，补自己的短处。

人的一生是短暂的，要想有所作为，就要事事走在前面，不要怕困难。有上进心，才能进步。我个人认为，我在工作中做到了救死扶伤，实现革命人道主义，把病人从死亡的边缘救活，尽到了一位医生应尽的职责，满足了。

四十余年医院工作，回忆起来，有上千名患者通过我的手术由生命垂危转为安康；有上万名患者通过各种医疗手段治疗，恢复健康，重返工作岗位。

三十余年教书育人，培养学院医学生，培养医院下级医生，把自己的医疗技术传授给他们，我尽到了责任。

总之，我一生努力，尽力当好一名医生，想的最多的是如何治好病，解决病人痛苦。我已经把救死扶伤的精神融在血液中，落实在行动上。作为社会一员，能为国家多做贡献，为人民服好务，我感到无比欣慰。

访谈后记

伏案多日，终于整理好王统锐、崔文轩主任这一对杏坛伉俪的口述文稿。我站起来活动活动，一看手机，才发现微信朋友圈里到处是庆祝医师节的消息。没错，2019年8月19日正是我国第二个医师节。其中，一段《我是个医生不是神》的视频刷爆了网络，我认真看完，深以为然。

医学泰斗裘法祖先生说过："德不近佛者不可为医，才不近仙者不可为医。"我愿意理解为，这是行业内人士的自我要求与极度自律。而作为行业外人士，应该清楚，他们是医生不是神，他们也是普普通通的人。

王统锐主任在访谈中很少有豪言壮语，就连解释自己当初为什么选择做医生时，回答也是那么接地气：学医好找工作，学医能治病救人，学医家人也受益。

听老人家说，老伴儿崔文轩两年前患阿尔茨海默病，已到重度痴呆期，亲人一个也不认识，日常生活不能自理，完全依赖照护者。每次我去王主任家访谈，一进门映入眼帘的常常是这样的场景：崔主任坐在轮椅上，面向窗外，王主任就坐在她旁边，一手拄着拐杖，另一只手有时端着水杯，有时拿着水果。每次访谈结束，我收拾东西准备离开时，老人家早已起身，拄着拐杖一步步略显艰难地走向老伴儿，去喂一口水或一块水果，或者就是静静地、久久地陪伴。每次去都是这样的画面。

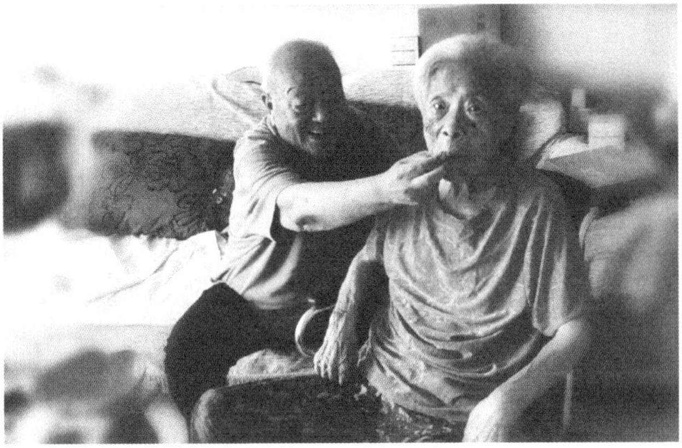

也许，最初，是为了家人，为了给所爱之人多一份健康保障而选择学医。

但是，后来，一定是为了更多的人。凭着自己的医术仁心救治一个一个的生命，收获一种不可替代的成就感、幸福感。

于是，德越来越近佛，才越来越近仙……

刘恩涌、周慧玲夫妇

刘恩涌和周慧玲同为河北大学附属医院的儿科老专家，如今均已退休。

刘恩涌，男，1932年4月出生于辽宁沈阳，中共党员，主任医师，教授。1949年6月至1952年4月在辽宁医科大学就读，获学士学位；1953年调入河北省医院儿科；1983年始担任河北省职工医学院副院长；1990年始担任院长。

周慧玲，女，1932年2月出生于辽宁沈阳，中共党员，主任医师，教授。1949年6月至1952年4月在辽宁医科大学就读，获学士学位；1957年调入河北省医院儿科工作，直至退休。

访谈时间：2019年4月3日—5月15日（共三次）

访谈地点：刘恩涌、周慧玲家

被访谈者：刘恩涌　周慧玲

访 谈 者：焦　杨　罗淑娟

（文中所有照片均由刘恩涌、周慧玲提供）

刘恩涌：扎根医学实践，逐步攻克技术关

一、儿时记忆

我1932年4月出生于沈阳，父亲和母亲都是学医的。我们家有兄弟姐妹五个，我排行老四。父母对我们的要求很严，希望我们都能读书，都能上大学，对学历很重视。他们的想法很简单，就是认为多读书才能够找到一个好职业，找到好职业才能维持一生的生活，这是一方面；另一方面就是要求我们做人老老实实，不让我们给他们惹事儿。我们小时候的生活按现在的说法就是三点一线，从家到学校，从学校回到家，回来的时候再到球场打打球，其他的也没有什么了。

童年我没有什么印象太深刻的事情，记忆中就是晚上父母把我们圈到一起看书学习。那时候的教育也很简单，我们要是学习得好一点儿，就鼓励鼓励；学得差点儿，就批评。就当时人民的生活水平来讲，我们家的生活水平也属一般，不像有的家庭很活跃，弄点音乐啊，搞点活动啊，我们家什么活动都没有，就只有念书。

我的父亲母亲，都是教会学校培养出来的，他们两个都信基督教，尤其是我母亲，她是很虔诚的基督教徒。我这个人从小就不信教，从小在这方面就有逆反心理，他们让我信我就不信，说什么我也不信。新中国成立以后，我上大学了，咱们开始讲无

神论了，我就更有理了。那个时候我还跟他们抬杠，你们说有上帝，在哪儿呢？拿来给我看看，看一回我就信。母亲也拿不出来，拿不出来我就不信。

实际上我也不反对父母信教。母亲信教的一些规矩在对我们兄妹几个也是有影响的。母亲会按照这方面的规矩去要求我们向善。

二、考上医学院

1945年我开始上中学，我们学校都有专业分工，我那个学校是工科，中学就分科。一般在东北来说，排第一的学校都是农科和兽医，排第二的学校都是工科，第三、第四的都是商科。分科是受到了日本人的影响，日本是资本主义国家，注重商科，中学就开始培养学生做买卖。日本投降后，我们学校也就散摊子了，所以我也就学了半年工科。

我和妻子都是上的教会学校，我的学校叫文会，我妻子的学校叫坤光。新中国成立以后，教会学校改编的改编，解散的解散。我们俩之前上的学校都解散了。

学校解散之后，需要给原来在校的学生一个出路。我妻子是学校快要解散的时候考入辽宁医科大学的，我是在高二提前参加了高考，我们去了四十多人考上了一半。学校那时候不像现在分得这么细，按现在的说法就是全科。沈阳市是1948年解放的，我们夫妻俩都是1949年参加的考试。我就以这样一个契机考上了医学院。

因为我在中学学的工科，我就喜欢上了工科。我虽然考上了医学院，但实际并不想学医，我本心还是想学工。我跟老父亲商量，老父亲是大夫而且就是我考取的那个学校毕业的，他说："这个学校不好考，当大夫也不错，你还是念吧。"于是，我就听老人的话，学了医。

三、波折医学路

辽宁医科大学的前身是盛京医科大学，沈阳现在还有盛京医科大学，它的前身其实就是我们当时的辽宁医科大学，两个名字就这样倒来倒去。

我们俩考上了辽宁医科大学以后，学校就由部队接管，和沈阳的中国医科大学合并成一个大学了。部队接过去以后我们就沾光了，等于参军了。参军我们就算离休了，1949年10月1日以前参军的干部，属于离休。离休有两个优点，一方面是拿全额工资，在职的同志涨工资，我们也跟着涨工资；另一方面是，医疗费用全额报销。

过去日本鬼子和咱们中国都把东北地区叫作满洲，以长春为界，长春以南为南满，长春以北为北满。哈尔滨在长春以北，所以它属于北满。后来哈尔滨医科大学招生困难，就把我们从沈阳调到哈尔滨去了，我和我妻子就在哈尔滨医科大学学习，之后也是在那里毕业的。

这个学校入学是六年制，后来根据工作需要改成四年制、五年制，新中国成立后，因为人才稀缺，我们1949年6月18日考入辽宁医科大学，念了两年多，1952年就从哈尔滨医科大学毕业了。我们入学的时候没有专业，是全科的，临床课、基础课都学完了之后就分科了。我和妻子都学了儿科，那个时候什么都是听从国家分配的。我们学什么也是国家分配，上级决定，班主任说你们去学儿科吧，我们就学儿科了。学习用的教材是当时全国的权威著作《实用儿科学》，它其实是一本参考书，但我们是当作课本来学习，所以专业知识比较扎实。在校学习虽然不到三年，但我们也在实习的医院里面接触了一些病人，所以毕业之后进入到工作单位也很快就上手了。后来我们通过自学、实践也把自己培养出来了。我那时候也没有什么抵触思想，国家让我去哪儿我就去哪儿。到毕业的时候，我们赶上全国统一分配试点，学校想留我们也留不住。我们完全服从分配，按过去的说法就是拿起背包就出发，所以一步步就分到这里（今河北大学附属医院）来了。我妻子当时没和我一起到这里来，她分到东北去了。后来，我们俩结婚以后，她就从沈阳市调过来了。

四、儿科初印象

1952年刚毕业第一年，我就走了一段弯路。中国在朝鲜跟美国打起来了，那时候说美国有细菌弹，打细菌战，所以我一毕业就被分配到察哈尔省防疫大队。在防疫大队的这一年中，我的主要工作就是防疫，哪里有疫情就往哪里走，哪里有传染病就去哪里做防疫工作。

1952年底，察哈尔省撤销，1953年7月我就调到河北省医院了。当时医院还在十七中附近，现在算是保定市儿童医院家属院的这么一个地方。现在的医院是从那里搬出来的，我来时叫作河北省第一人民医院。

我来的时候儿科很小，加上我才两个大夫，没有自己的儿科病房。偶尔有一个住院病人，还要住在人家外科病房里面，由外科护士站来护理。1954年的10月1日国庆节，医院搬到现在的地址并正式改名为河北省医院，开始有儿科病房，共二十张床位，大夫发展成四个。当时我妻子还没有过来，她过来得晚。

医学生总得接触病人才能学会看病，所以我们医院就跟河北医学院合作，作为他们的一个教学医院。河北医学院本来是有自己的附属医院的，要它把我们的这个医院也作为教学医院，费了很大周折。作为河北医学院的教学医院，我们医院等于是一个合作单位，不属于它，行政上、经费上、人员上都没什么关系，但是作为它的教学基地，学生可以来实习。河北医学院附属医院的大夫可以到我们医院来工作，我们的人也可以到他们那儿去交流。1958年，河北医学院搬走了，这种合作就断了。

我们刚进医院的时候没有轮转，我一毕业就进了儿科，专业就定了。当儿科大夫有时候是很辛苦的，我们那个时候出门诊看四十个病人是常事，上厕所的时间都没有。累也没有觉得不好，就是全心全意把病人给诊断好、治好。家长高兴，孩子也笑了，我们大夫就高兴。年轻的时候我们就这么干过来的，从进儿科开始，累惯了也不感觉怎么样，挺好。

五、理论实践再进修

1958年，我妻子周老师在河北中医学院西学中班（西医学习中医的培训班）进修学习，那时全国都成立了西学中班，响应毛主席的号召，解决中医的继承问题。

1959年，上海举办了一个卫生部委托的卫生干部进修班，我在那里学了半年，属于理论和实践都有的临床进修。那是卫生部组织的，除了请上海各个医院的专家讲课之外，还组织实习。实习时我去了两个医院，一个是上海医科大学儿科医院，还有一个是上海第一纺织医院。我在儿科医院学习了两个月，在纺织医院学习了两个月，理论学习两个月，一共是半年左右。

两个月的理论学习，讲课的专家都是上海市各个医院的名家，也是全国知名的专家。当时上海有八个医院，每个医院都有自己的特色，比如第六人民医院的心血管和骨科在全国都是拔尖的，第四医院的血液病（特别是白血病）的治疗也是拔尖儿的。我们在那儿除了学习医学技术外，还学习人家的作风，严谨、钻研、努力及团结协作。有一次，《中华儿科杂志》上发表了一篇关于肺炎的文章，文章中介绍了两千多例肺炎病人情况。哪个医院也没有这么多病人，这篇文章是把八个医院的病例都总结到一块儿写出来的，说明人家协作精神好，互相配合。

我在上海第一纺织医院学习的时候，那个主任姓蔡，他的名字我都记得，叫蔡博源，博士的博，源远流长的源，从名字上就感觉他学识渊博。他开一个疑难病例讨论会，一说就是两个小时，但大家听着感觉他不是在重复陈旧的知识，不是老一套，他有新的知识。因为小孩儿皮肤病也不少，所以也有皮科主任来给我们讲，讲得也非常好。我们听了两个月的课，就等于听了两个月的学术报告，听人家的学术研究成果。

六、下乡为老百姓做好医护保障

1965年6月26日，毛主席指示，要求医疗要面向农村。农村太缺医少药了，有什么疫情也都需要我们去，而且每次去的时间都没准儿。医疗工作哪儿都需要，哪儿需要我们就去哪儿。唐山地震以后我们也去了，当时我在唐山待了两个月，那里基本都是外伤，大人孩子我都治。

因为县医院的水平有限，如果有食物中毒这种情况，我们就会下去帮着县医院会诊和抢救。保定二十二个县，我几乎都走遍了。给我印象最深的就是徐水有一百八十多个食物中毒患者，我去参加了抢救。那时候农村不是天天在家做饭，是吃食堂。食堂熬过的汤前一天没有喝完，一大锅菠菜汤放了一宿，第二天继续喝，结果大家全病了。隔夜后再加热的菠菜汤里有亚硝酸钠，亚硝酸钠有毒，它能把血液里的血红蛋白都给还原成变性血红蛋白，变性血红蛋白不能带氧，人就会因缺氧濒临死亡。当时的治疗方案是用还原剂把它还原回来。有一种药叫“美兰”，也叫“亚甲蓝”，有还原作用；维生素C本身也有一定的还原作用，大量的维生素C静脉注射也可以治疗这个，但是不如美兰来得快，因为维生素C的还原作用弱。还有一次，唐县有二百多人食物中毒。这次是人感染了沙门氏菌，上吐下泻。沙门氏菌并不难治，所以我们去了之后很快就解决了，二百多人全都抢救好了。

七、儿科查房制度

我是70年代被任命的儿科领导，儿科从最开始的二十张床增加到了四十张床，医生最多有十多名。我是副主任，正主任比我大二十一岁，别人与我年龄差不多，所以这个科室除了老主任，大家年龄都差不多。

我们医院是教学医院，跟其他医院不一样，每天上午需要查房。我领导查房，不是每个病人都查，那些诊断不清楚的、病情严重的重点查。住院大夫汇报病历，从昨天到今天病人一天的变化、用药情况、下一步的治疗方案，每天查房时都要汇报，住院大夫、主治大夫都要汇报。汇报完对病人进行检查，检查完以后就讨论，今天这个病人如何处置，是按原来的治疗还是改变治疗方案，要改变的话改成什么新方案，这就是一场讨论。我们也发生过争论，但是争论不多。科主任每天也都要参与讨论，不能因为你是上级大夫你就说了算，你得给人说出点儿根据，得让人服气，让人听着是那么回事儿，人家才能按你的意见办。每天查房都是一场上级大夫培养下级大夫的提高讨论会。那个时候的教学医院，上级大夫带着下级大夫查房，上级大夫要是没有准备，被人问倒了很没面子，所以都要看书。我们那时候除了上班、看病人以外，都认真读书，晚上吃完晚饭以后，不用人鞭策，不用人提醒，自己主动学习。

八、挽救了孩子们的生命

“文革”时期，我们医院基本没有乱，没有停诊一天。有一次出诊给我留下的印象很深刻。那个事儿发生在定州，一群孩子被炮仗烧伤了，当时派去了我们保定医疗队八个人，还有河北医学院的两名专家。孩子们身体烧伤面积由百分之五十至百分之八十，烧得都非常厉害。为了防止感染，我们给每个孩子都包上了棉片。但当时是7月下旬，是伏天最热的时候。这不行啊！孩子们中暑怎么办？已经有了发烧症状了。河北医学院的专家说病房条件不是无菌的，墙上都是蜘蛛网。我与专家有意见分歧，谁也不能说服谁。这种情况下，我们就分别负责一部分病人，用各自的方法分开管理，分开救治。分开之后，我就把我负责管理的病人的棉片都去掉了，去掉之后病人慢慢退烧了。病人烧伤的地方本来就容易发炎，再一捂，就会发烧，所以先退烧，我负责的病人就见好了。

九、解决难题——捅破窗户纸

为什么大夫需要进修？就是要捅破这个窗户纸。比如说有的病，我这儿看见过，但是有些门诊就没有看见过，医院越大积累的经验越多。

因为医生需要有临床经验，所以医学上除了理论教学之外，传帮带很重要，需要有老大夫带。靠自己摸索也不是摸索不出来，就是常走弯路，本来一句话就能解决的问题，你可能三天五天都解决不了，因为你没有接触过。对年轻医生不是所谓的教，就是带一带。你走过的路，别人没走过，你就要带一带别人。

我一直在儿科，儿科包括新生儿科。儿科病其实比较简单，比内科病简单得多。儿科没有几种病，像心脑血管、神经衰弱那些都没有，无非就是感冒、发炎等。随着卫生条件的改善，抗生素的发展，以前有的好多病现在都没有了。

十、调入河北省职工医学院

1983年，我离开儿科到河北省职工医学院工作。在河北省职工医学院，我1983年当了副院长，1990年开始当院长。从儿科主任一下当了副院长，我还是很不适应的。一开始还想回去查房，看看病人，怕脱离了实践，但是学院有学院的制度，开始勉强能回去一两回，后来我就不回去了。

在调入河北省职工医学院之前我就给学院里的学生代课，上儿科学，我妻子周老师也在学院里上过这门课。后来我成为学院院长，分管教学。医院有一些大夫会在医学院里代课，教理论知识，但是医学院里面的专任老师不是都能去医院当大夫给病人看病的。医生是实践性很强的工作，救治病人是要有临床经验的，接触的病人越多临床经验就越多。

讲课是另外一门艺术，需要备课，这对我也是一种促进。我和周老师都是学的医学，不是上的师范，讲课对于我们来说是兼职。医学院的学生，不认真听课的是极少数，因为他们是要学本事的，不好好学的话当不了大夫，不好好听课的话会把自己耽误。但是反过来讲，学生能不能认真听课，和老师讲的技巧有关系。能够讲得具体生动，甚至可以把看过的病人拿出来当例子，讲一讲什么样的病人处于哪个阶段、是什么情况、怎么处理，学生听着才有兴趣，才愿意听。但是对于医学院的学生来说，光听完课绝对当不了医生，必须要和病人接触，没看过病人就什么也不知道。

咱们国家的职称改革是从1983年开始的，原来不管是副主任医师，还是主任医师，都是由单位任命的。职称改革后，这些是需要通过评审的。我当时是河北省的卫生系统高级评审委员会的委员，教育系统我也参加评审，我为医院争取和保留了很多名额。

十一、夯实儿科理论知识

上班的时候，我翻译了一些著作，是英文版医学书；退休之后有时间了，我也翻译了两本英文版医学书，大概二十六万字。

还有两本是我自己写的，一本是《儿科体格检查及症状诊断》，包含上、下篇：上篇主要为物理检查，包含体格检查及辅助性物理检查，体格检查叙述检查方法，正常标准，异常体征及其临床意义；下篇分别叙述症状的原因、诊断方法以及中医辨

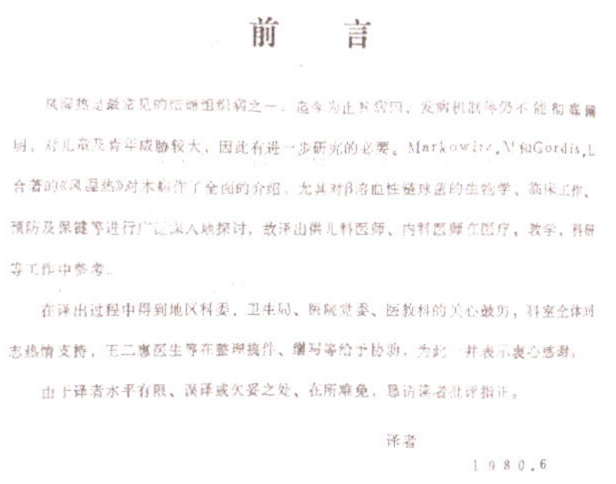

前　言

风湿热是最常见的结缔组织病之一。迄今为止其病因、发病机制等仍不能彻底阐明，对儿童及青年威胁较大，因此有进一步研究的必要。Markowitz,M和Gordis,L合著的《风湿热》对本病作了全面的介绍，尤其对β溶血性链球菌的生物学、临床工作、预防及保健等进行广泛深入地探讨，故译出供儿科医师、内科医师在医疗，教学，科研等工作中参考。

在译出过程中得到地区科委、卫生局、医院党委、医教科的关心鼓励，科室全体同志热情支持，王二惠医生等在整理稿件、缮写等给予协助，为此一并表示衷心感谢。

由于译者水平有限，误译或欠妥之处，在所难免，恳请读者批评指正。

译者

1980.6

▶ 翻译著作《风湿热》封面及前言

▶2003年著作

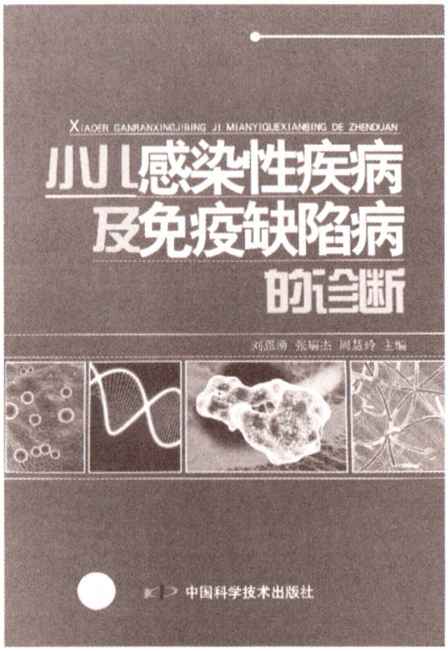

▶2005年著作

证。还有一本是《小儿感染性疾病及免疫缺陷病的诊断》，本书围绕诊断重点阐述小儿感染性疾病的病因、临床表现、诊断及鉴别诊断。这两本书得到了儿科专家的认可。

有一次，我外孙子在广州图书馆看见了我的书，给我照相发过来，还写了一篇小文章记录我们俩之间的故事。

十二、过来人的经验之谈

我觉得做医生的素质就是要认真。比如说对待学生，要认真把你的知识教给他，让他学会。诊断要认真，诊断要准确，误诊了就会出事，这是人命关天的行业。医学上也好，诊断病人也好，讲授课程也好，都要认真负责，不认真的话什么都做不好。临床这个工作，诊断这个工作，工作年限越长，经验越多，越得心应手；要是积累不起经验来或不认真，就会成为一个庸医。

作为过来人，我想对年轻人说，想办法把你的知识，认真地用到病人身上就可以了。你越认真，你自己积累的经验越多，病人也越受益。医学这个工作，来不得半点儿马虎，各级、各个岗位上的大夫都要认真。我在医院干了三十年，我没管理过医院，没有领导过医院，但是作为医生来讲，我认为要想把医院办好了，就要提高技术。技术水平达到了，就能把事儿办好；技术水平达不到，心有余而力不足也不行。另外，要为病人服好务，因为这个工作本身就是出于病人的需要，并不是你个人的需要，所以你必须要把你这点儿本事、这点儿技术用到病人身上去，必须提高技术为病人服务。

周慧玲：无私忘我，仁爱之心

一、儿时记忆

我们家一共四个孩子，我有两个哥哥、一个妹妹，我们都是大学毕业。大哥是学工商管理的，二哥是学历史的，妹妹是学生物的。

我父亲是学医的，毕业于盛京医科大学，一开始是在张学良部队服务，当军医。我的父亲比我丈夫的父亲高一届，他们是同学，我父亲是他父亲的师兄。

我母亲一辈子没有工作，她是蒙养学堂毕业的，就是家里请私塾先生讲课。我母亲字写得非常好，诗词歌赋也都很不错。她写的字可以做成枕头绣出来，非常漂亮，一般人都赶不上她。我至今还保留着一个母亲自己写、自己绣的枕头套。那个时候我家是很注重书法的，母亲先是让我们练柳体，再让我们练颜体，但是我们都没练出来。

二、求学之路

小学我是在四川上的，初中我就回到沈阳了，读的是坤光女子中学，这是一个教会学校。上了坤光女子中学以后，我的学习环境也就安定了，初中和高中都在这里读的。

那时候东北学校有暖气的不多，可我们学校有暖气，教英文的是英国人。学校把地方上有名的老师请过来给我们讲课。刘老师当时也在教会学校上学，但他那里是男校，我这儿是女校。

新中国成立以后，许多教会成立的学校都解散了。因为学校解散，当时盛京医科大学开始招考，我和同学商量去试试。就是这一个契机，我稀里马虎就考上了医科大学。我和我丈夫都是1949年参加的考试。

三、初到省医院儿科

我毕业时被分配到沈阳一个纺织厂的职工医院，后来因为我和刘老师恋爱关系确认，1957年就调到这里来了。我们在学校的时候没有谈恋爱，如果那时候谈恋爱的话我俩就会分到一块儿了。那个时候通讯很不发达，我们就靠书信往来，最一开始就是同学关系，后来发展成为恋人关系。我调过来的时候，跟丈夫一样也在儿科，医院就在现在的位置，但名字改过好几次。调来之前我已经工作过一段时间了，有一些经验，但跟这个医院还是有一定的距离，毕竟之前是在一个工厂的医院。我来的时候儿科已经不止四个大夫，但规模也不大，始终二十多张床，后来最多的时候发展到四十张床。

那时，每天的病人都很多，我们连上厕所的时间都没有。一个上午看四十个病人是常事，也就是平均六分钟一个。儿科常见病，夏天以消化道病为主，冬天以呼吸道病为主，感冒、气管炎、支气管炎、肺炎、胸膜炎、肺结核，什么病都有。此外，还有脑膜炎、脑炎、新生儿的破伤风等。

现在咱们的卫生条件好了，痢疾很少见到了，伤寒也几乎没有了。外国人批评中国滥用抗生素，但正是由于应用抗生素，中国人把有些细菌控制得差不多了，所以现在连风湿病都很少见了，没有风湿病了，也就没有风湿性心脏病了。

四、挽救了一个小女孩

1958年，医院来了一个小女孩，上面穿着一个绿底带红花的棉袄，下面穿的是一个紫红色的棉裤。家长认为这个孩子活不了了，穿的这身衣服就像是死人穿的衣服。家长说你看能治的话就治，不能治我们回去就扔了。我一看那孩子瘦得皮包骨，肚子特别大，里面都是水。孩子神志清楚，用特别渴望的眼神看着我。我就对家长说，我们收治了。孩子住了一两个月，我们给她放腹水，放水还不能太快，太快了她受不了。有时候我中午下班以前，先给她把针插上放腹水，再赶紧去吃午饭，回来之后，腹水也放得差不多了。治好了之后，这个小女孩一直跟我们联系了好几十年。

五、平凡的下乡生活

我1965年下乡到高碑店，下乡的时候我和丈夫分开了一年。这一年当中，也就过年的时候放几天假回来一下。一周上班七天，没有休息日。

那会儿，破伤风是一种很常见的病。新中国成立前和成立初期，因为剪刀没消好毒得破伤风死亡的人很多。我记得当时卫生站有妇女生孩子，同一时间生产的产妇有十来个，就剩下一个，其余都死了，就是因为剪子不干净。实际上，即使拿个酒精或是白酒把那剪子消消毒都不会出现这个现象。但是当时的人都不知道，这也没有办法。新中国成立后，国家提倡新式接生，就是要把剪脐带的剪子消毒。消毒实际上很简单，彻底消毒就是用高压蒸汽消毒，二百度以上就行了。简单消毒就是弄点儿碘酒，弄点儿酒精一擦。但是过去在农村，他们都不消毒，也想不到小孩儿抽风和这个有关系。

六、工作忙碌，有得有失

工作的时候丈夫在门诊，我在病房，他值夜班，我也值夜班。有一次，大概夜里十二点，因为儿子独自一人在家，我就回家去看看。结果到家一看，灯开着，门也开着，儿子躺在床上睡着了。我的心里非常难受。

由于我和丈夫都是儿科大夫，和同事关系处得也很好，医院里职工谁孩子看病都找我俩。有时候下班到家，就看到同事带孩子在家门口等着我们给看病。我记得当时有个孩子得了传染性肝炎，按说知道是传染性肝炎就不应该带到家里去看病，可是他已经带来了，我们也没有办法，就抓紧时间给孩子治病。所以，我们跟全院人的关系都非常好，一直到现在。

访谈后记

初次见面，刘老师和周老师就让我感觉很亲切、很随和，仿佛我们早就认识。看着两位老师的神态，难以想象他们已经进入耄耋之年。

两位老师都出生于医学世家，两家是世交，双方父母也是很要好的朋友，他们也因一个共同的契机考上医学院。缘分和命运紧紧牵着他俩，让他们一步一步走到一起。

从对两位老师的访谈中了解到，他们不是儿科的奠基人却胜似奠基人，他们为儿科的发展做出了卓越的贡献。他们见证了儿科的发展，陪伴儿科成长，工作期间坚守本分、兢兢业业，因为自己独到的决策以及仁者之心挽救了无数人的生命。有了刘老师的正确决策，才会有定州爆炸事故中无一死亡的美满大结局；有了周老师一颗仁爱的心，一个个孩子才从死亡边缘被拉回到现实。他们的敬业，他们的奉献，他们的仁爱，不仅得到了医院内同事们的认可，更得到了河北省同仁们的赞赏。

刘老师和周老师不仅在临床上有着非常丰富的经验，在儿科的医学学术上也有很高的造诣。刘老师和周老师在河北省职工医学院上课，他们将自己的临床实践与医学理论相结合，不仅让学生学习到理论知识，还运用巧妙的方式、方法让学生灵活运用到实践中去。刘老师常说："无论是对于医院里面的医生，还是对于医学院的学生，进修学习都是捅破一层窗户纸的事。掌握好了，捅破了很简单；掌握不好，就捅不破。"俗话说："会了不难，难了不会。"一些平凡而简单的道理，几句人人都能讲出来的话，在刘老师那里却成为他传授知识和经验的一把利刃。同样的几句话，普通人和刘老师对它的诠释完全不一样，这里面的奥妙可能只有刘老师自己知道。

对刘老师和周老师的访谈一共进行了三次，每一次去都有不一样的感受。让我感受颇深的是，在一次访谈中，刘老师提到儿科医生是最不容易与病人结成朋友的，患者年龄太小还不懂这份情感，有时候患者家属也体会不到患者与医生之间的那一份情意。但刘老师和周老师因为自己的仁爱之心颇受患者和家属的好评，很多让他们看过病的患者至今依然与他们保持联络；患者家属在大街上遇到他们也会亲切地跟他们打招呼。我觉得这不仅仅是对他们高明医术的肯定，更是对他们认真、负责的医德的赞誉。

他们没有惊天的伟业，却有着执着的追求，把热血和汗水都留在医院，把爱和无私都给了自己的学生。他们倾其所有，尽其所能，三十年如一日地坚守在自己的工作岗位上，在平凡的日子中谱写了不平凡的人生！

许秀峰、赵芙蓉夫妇

许秀峰、赵芙蓉夫妻二人，1963年毕业于保定医学专科学校（原保定医学院），系同班同学，中共党员，同时分配在河北省医院工作。1965年结婚，育有一子一女。年轻时，他们服从国家需要，分多聚少；他们热爱医学事业，几十年来刻苦学习，互学互鉴，勤奋工作，教书育人，坚持不懈；退休后，他们一直被医院返聘，继续发挥余热，被医院授予“德技双馨专家”终身荣誉称号。

许秀峰，男，1940年3月1日出生于河北邢台，河北大学附属医院原副院长，主任医师，教授。1958年至1963年就读于保定医学专科学校；1963年在河北省职工医学院附属医院外科工作；1973年开始筹建医院肿瘤科；1976年，肿瘤科正式收治病人，在国内第一批采用放疗加热疗的方法治疗肿瘤病人。1983年至1991年，任省医院副院长，主管医疗、教学、科研，1985年开始兼任肿瘤科主任；2000年退休，退休以后被医院返聘在肿瘤外科，作为医院专家组成员至今。

赵芙蓉，女，1941年12月12日出生于哈尔滨，十岁随父亲移居祖籍河北献县，主任医师，教授，曾任河北省职工医学院附属医院妇产科主任。1963年毕业于保定医学专科学校，同年被分配到河北省医院；60年代，参加支援三线建设，调到军工医院工作八年；70年代，参加中国援非医疗队，赴非洲工作两年；1984年，到天津医科大学附属医院进修一年。

从事妇产科医疗、教学和科研工作五十余年，有丰富的临床经验，擅长妇科恶性肿瘤、妇科内分泌疾病的诊治及外阴癌根治、各式阴道成形、输卵管吻合等手术。

访谈时间：2018年10月22日—2019年6月21日(共四次)

访谈地点：河北大学附属医院老干部处

被访谈者：许秀峰　赵芙蓉

访 谈 者：焦　杨　罗淑娟

（文中所有照片均由许秀峰、赵芙蓉提供）

许秀峰：一念济世拜杏坛，风雨兼程几十年

一、家乡记忆

我是邢台新河县辛章村人，父母都是农民。自小我的家里就非常贫困，可以说我们家是老贫农。我有一个弟弟和一个妹妹，分别比我小七岁和九岁。

父母的教诲：艺多不压身

我的父亲是一个非常忠厚老实的人，也非常吃苦耐劳，一直踏踏实实地做工作。他年轻的时候曾经在外面学手艺（现在叫“打工”），在山东和河南交界的一个县城做木漆工。

我的母亲是山东人，她在我们那个地方是有名的非常能干的妇女。不管是农田里的活儿还是家务活儿，她样样都很精通，针线活儿更是一把好手。她为人正直，大公无私，对歪风邪气看不惯就要管，有山东人的那种直爽性格。我们村成立农业合作社的时候，她是我们生产队的妇女队长。

我的父亲上过四年小学，母亲只上过识字班，就是新中国成立后农村办的那种识字班，认识有限的几个字，但他们知道没有文化不行，总是嘱咐我和弟弟、妹妹一定好好学习。

我从小受两位老人的影响，继承了他们艰苦朴素、吃苦耐劳和善良正直的品德。父母对我的要求一直很严格，我这一辈子也都是按照他们的教诲和要求做的。父亲跟我说过一句话，我一直没有忘记，那就是“艺多不压身”。他说：“学习就要好好地去学，多掌握了知识，多掌握了本事，你以后才能够有前途。”父母的嘱咐我们都记在心里，所以我们从小学习就很努力。父母没有文化基础，没有办法辅导我们，我们就靠自己。我在学校里，从小学到医专毕业，所有的课程都认真努力地去学。

二、读书岁月

我是新中国成立后上的小学。当时，小学之前有半年级，类似学前班。我们的小学是六年制，分初小和高小，一至四年级是初小，五至六年级是高小。

在我们村和后沙读小学

我在我们本村的学校上到四年级，五至六年级我是在离我们村六里地的后沙村上的。

上初小时，我很努力，学习成绩很好，总是考第一名。上高小以后，我的成绩也从来没出过前三名。除了学习以外，因为我是班长，做宣传、演小品、画宣传画等，老师都派我去干，我也喜欢干这些事情。

考上南宫一中

高小毕业以后，我考上了南宫一中。南宫一中是一所省立中学，是河北省的重点中学。那时候我心气比较高，报考了南宫一中，我们班就我一个人考上了。

南宫一中离我家有三十里地，平时我需要住校。周末放假时我走路回家，往返得两个多小时。我们南宫一中有两个校区，我在西校区。西校区原来是天主教堂，房子是楼房，改成学校以后，楼下是教室，楼上是宿舍，宿舍里是木板打的大通铺。

我们学校的办学质量确实很好，各种管理制度都很严格，老师的教学也非常好。我知道家里很苦，父母供我上学不容易，他们的嘱咐我一直记在心中。所有的假期，我从学校回来以后，都帮我的父母做农活。我是家里的老大，弟弟妹妹那时候都在上小学，他们太小，干不了农活，所以都是我去帮忙。农民的辛苦，我深有体会。

小学和初中这九年，因为认真和努力，我的学习基础打得比较好。

为治病救人，我报考了保定医学院

1958年，通州医士学校和保定卫校合并，成立了保定医学院。保定医学院也曾去我们南宫一中招生，招的是五年制初中起点大专班。

我们报志愿的时候，很多同学都在纠结是上高中还是考专业学校。我当时就想，我不能上高中，虽然上高中是保送，但是我家里经济困难，上不起高中。作为长子，我想早一点儿参加工作，承担起养家的责任，所以那时候我考虑的是考什么专业。我的一些同学说："当铁路工人特别好，石家庄有个铁路学校，要不我们考那个铁路学校？当铁路工人，开火车多棒啊！"我当时也动心了。但是当招生的人来的时候，根本就没有铁路学校，来的只有保定医学院、邯郸医专等几所学校。我想，我就考保定医学院吧。我小时候，母亲得过一场大病，高烧不退，后来是我们邻村的一个老中医把她给治好了，救了我母亲一命。而且一说是给母亲看病，人家不仅负责给治，而且给拿的好多服药一分钱都没要。我母亲就一直说不能忘了老先生，这是我学医的一个原因；还有一个原因是，我小时候闹了急性痢疾，也找人给救过来了，我母亲对医生也非常感激，非常崇拜。

综合这些原因，我就报考了保定医学院，心想：我也去当医生吧，治病、救人。当时保定医学院在我校就招三个人，我们班好几个想报考的同学，因为我报考了保定医学院，他们就报了邯郸医专。因为我是成绩好的学生，所以他们都不和我竞争。

那时候上学每月要交几块钱饭费，再加上书费和零花钱，一个学期家里得给我凑二十多块钱。家里给凑这些钱不容易，我自己就觉得不能乱花。我在保定医学院上学的时候，寒假回家过年，暑假都在学校勤工俭学。这样不但省下了来回的路费，还能去干活挣点钱。我去过酱菜厂、电影机械厂等地方，找一点儿零活干，一个暑假我能挣三五块钱，这相当于我一个月的生活费了。1960年，人们生活特别困难，学校停止了体育活动，把操场改成了种菜的地方，我就在那儿种菜。因为我是农村出来的，农活儿基本上我在家都做过，所以在这儿管理这些菜我是没有问题的，松土、浇水和施肥，我都会做。这活儿城市里的同学不会，虽然他们身体比我棒。再有就是找不着活儿的时候，假期里，学校留下我们做保卫。保卫科的老师要求我们去护校，教给我们一些注意事项，还教了我们好多防盗知识。实验楼里有好多仪器，我们每天晚上去巡逻。因为学校是管饭吃，不用花钱，所以这相当于给学校干活。这五年的暑假我都是这样过来的。

在医学院上学这五年，我一直都是好学生。我们共设有二十九门课，成绩是五分制。我除了有两门课程成绩是四分以外，其他都是五分。我们毕业的时候，还有三门考试，是内科、外科、妇产科，成绩按百分制。我妇产科考了九十五分，外科考了九十三分，内科考了八十六分。照毕业合影时，我们的妇产科老师陈德芬领着妇产科主任郭淑芳，指了指我。我当时不明白怎么回事，后来才知道她们是在说考得最好的是这个学生，她们想把我留下来搞妇产科。我当时觉得我一个小伙子搞妇产科太不方便了，说那可不行，我还是搞了外科。

除了文化课成绩，我其他方面也不错。一是学校给我们开了各类课程，希望我们全面发展，再有就是我父亲那句话——艺多不压身——对我的影响，所以我就努力全面发展自己，但凡设置的课我都认真地学。在体育方面，从中学一直到保定医学院，我都是班里篮球队和排球队的成员。在医学院，我是学校排球队的二传，我的射击成绩全校第一，乒乓球我打得也不错。我能画画，书法也能写，所以班里要办个板报的话，也很方便。在文艺方面，唱歌、演话剧什么的我都能参加，出个节目没问题。

尽量多学点才艺有什么好处呢？各方面都会一点儿，比较容易和同学们接触，处好关系，便于团结不同类型的同学，因为每个同学都有不同的爱好。从小学一年级开始，我就当学生干部，当班长，到了医学院我又当团支书，当学生会主席。

所以好的家庭教育，能让一个人受益终生。

三、从医生涯

1963年，我从医学院毕业以后，直接被分配到了省医院。和我一起分来的，还有我爱人赵芙蓉，当然，那时候我俩只是确定了恋爱关系，还没有结婚。

我和爱人赵芙蓉被分配到省医院

我和我爱人是同班同学，毕业之后，我分在了外科，她分在了妇产科。到了医院之后，我们觉得上学学的只是理论，实习是有限的。我们两个都是大专生，人家还有本科生，我们学历不行，但是我们实际技术不能不行，不能比本科生差，所以我们决定不结婚，先好好学习。

1965年之后，苏联“翻脸”了。本来美帝国主义一直包围咱们，苏联这一翻脸，等于这两个国家又合起来欺负咱们中国。当时毛主席提出要“备战、备荒、为人民”，大搞三线建设，全民皆兵。河北省就在西部山区里建了好多工厂，都是军工厂。那里只有工人不行啊，还要有配套的医务人员服务，就又建了一个一〇五医院。这个医院设在曲阳和阜平搭界的地方。当时选医生，选上了我爱人赵芙蓉。他们先从人事科查档案，挑政治上可靠的人，他们就把赵芙蓉挑上了，跟她说要上保密单位。我们支部康书记就找我说：“赵大夫你们两个关系怎么样，定了没有？”我说：“定了。”他说：“准备什么时候结婚啊？”我说：“我们还年轻，先学习锻炼，还没有想结婚呢。”他说：“她要调到保密单位去工作，你们要不是正式关系，将来你和她联系就会有困难，你们不能随便联系，所以你们两个能不能先结

▶ 许秀峰、赵芙蓉夫妇

了婚？”我说：“我们一点儿思想准备也没有，我跟家里也没有商量，我也没有和她商量过。”我们康书记就说：“你可以先和赵芙蓉商量一下。”我就去找她，她已经知道她要调走了。上午跟她说的，下午跟我说的。我说：“怎么办啊？”她说：“要不就结吧。”我俩就跟书记去说了。我俩就是这么结的婚。

我们结婚一个星期之后，她去支援三线，筹建一〇五医院的妇产科。

叫她走，那是党的任务。党叫党员走，我没有二话可说。她是第一个调到那儿去的妇产科大夫，去了之后，就开始做计划，买器械，马上投入到工作中去，这一去就是八年。那时候我们见一次面特别不容易，她一年才休假两个星期，一般我们只有这两个星期可以团聚。有的时候她出差过来，比如采购器械，我们能见一见，但也是今天来，明天走，非常匆忙。即使这样，我们一年相聚的时间也超不过一个月。我们结婚三年以后才要了孩子，我们的儿子是1968年生的。她带着孩子在三线上，从阜平到涞源。每年我休假的时候会去看望她。1971年，我们的女儿出生以后，她一个人在那儿带着两个孩子就有点儿困难。后来，领导了解到了这个情况，就想把我爱人调回来。那会儿正是“文化大革命”的中后期，当时是解放军管理医院，解放军代表出面把她

▶ 一家四口

给调回了保定，但未回到我们医院，而是安排到了干部疗养院。结果，她在那儿工作了一个月，疗养院又搬到了涿县，也就是现在的涿州，她等于在保定也就待了一个月，然后在涿州一直待到1973年。从1965年到1973年，我和爱人一直分居两地。

分开的这段时间从家庭来说我们是有损失的，特别是我的爱人，一个人带着两个孩子，还要干工作，比较累。但这是工作的需要，我们都是党员，党让去哪儿我们就去哪儿。况且，就我个人来说，我这几年，没有家庭拖累，一直在学习，在锻炼自己，在提高技术。1977年，院党委又派我爱人参加援非医疗队，那是国家的硬任务。

在外科八年，打下了坚实的手术技术基础

我们外科有一个培养年轻医生的制度，就是让年轻医生把外科的几个专业都轮转一遍，几年之后，再固定专业。我刚到医院的时候，也把外科的几个专业都转了一遍。那几年，无论到哪个专业，我都跟着老大夫好好学习。节假日的时候，我常替有家属的年轻医生值班。好多个大年三十的晚上，我都在替别人值班。反正就我一个人，我就多锻炼自己的技术。虽说那几年我和家人团聚的时间少，但对我的经验积累、技术提高，确实有许多帮助，甚至可以说那几年我技术上的进步非常大。由于在医院的时间比较多，所以我做的急诊手术就比较多，外科的底子打得非常不错。后来，有些比较难的手术我也能做了，有的比我资格老一点儿的、学历高的都还做不了。科里的病人、同事和领导对我的印象都还不错。当然，也有些人对我有许多意见，质疑为什么我这么年轻，科里就让我做这种手术。

外科的制度是在各专业轮转完了之后做总住院医生。总住院医生做半年时间，这半年，白天、晚上都要住在科室内，除了星期日休息一天，别的时间都要住在医院，负责急症的诊治，还要完成一定数量的非急症手术。不做总住院医生的时候，科里不管什么时候有急诊，都会叫我去帮忙。由此我也多做了好多手术，多见了好多病人，对我的经验积累有一定的帮助。

做完总住院医生之后，科里安排给我的固定专业是脑外科，也就是现在的神经外科。1969年到1971年，我在神经外科，当时的科主任是孙国良，主治医师是周贵平。这两年我的收获也非常大。我有两个上级大夫，所有病人都由我具体管，所有的手术我都要上。因为我的两个上级大夫轮着做手术，而脑外科手术需要

两个人上台。当时保定就我们一家医院有神经外科，并且相当有名气，所以病人非常多。基本上我白天做择期手术，晚上做急诊手术。白天的时候车祸啊或者别的各种伤送到医院之后，一般就已经是下午了，我们就立即做术前准备，然后晚上做手术。基本上一个月的时间里有半个月的晚上我在做急诊手术。做多了，我就掌握了基本的手术技巧，脑外伤手术到后来基本上都是由我做了，有个进修大夫或者学生给我当助手，两个上级大夫就不上台了。我成长得非常快。

那时有一个五十多岁的男性脑外伤患者，被车撞得半个颅骨已经碎了。我们打开他的颅骨之后，发现里边儿都是大血肿，并且血肿的厚度已经达到了三四厘米。当时，我倒吸一口凉气，觉得这个人可能救不活了。以前我们接收的那些病人，血肿都是比较薄的一层，而这个这么厚，并且半个大脑已经被压扁了。我一边用手一把一把地掏出他颅内的血块儿，一边心想，脑子肯定是轧坏了。但是没想到，三天以后他就慢慢醒过来了。我当时就在想，人的生命力真顽强，脑子变成这样，被轧下去了三分之一，他还是被救活了。这个手术做得挺成功的，我当然非常开心。那个时候我还年轻，刚三十岁。我对这个病人和我做的这个手术印象很深刻。

到肿瘤医院学习

在保定要说学肿瘤，我们医院的老院长米毅是第一人，我是后来正式创建肿瘤专业的头一拨人。

米毅是在新中国成立之后接手这个医院的。他曾经和白求恩在一起工作过。1957年，米毅去天津肿瘤医院学习。天津肿瘤医院当时有一个国内外都非常著名的肿瘤专家叫金显宅，他办了一个肿瘤学习班，是中国第一个培养肿瘤专业大夫的学习班。米院长是个业务型的老干部，技术非常精湛，是外科的技术权威，所以卫生厅的厅长就派他去学肿瘤专业。他学习回来之后继续当院长，并没有接着搞肿瘤专业，所以保定的医院在我搞肿瘤专业之前是没有建肿瘤科室的。

米毅院长在肿瘤方面也是非常有建树的。咱们医院曾经收治过肩膀上长个大瘤子的病人，米院长给他做的手术，手术很成功，把胳膊保住了。这件事在《人民日报》上了头版头条，叫《又一曲毛泽东思想胜利的凯歌》。这样一来，咱们医院在当时就很有名了。

医院在全国出名了之后，河南的一个四十来岁的空军转业的男性患者慕名来到咱们医院就诊。他也是肩膀上长了一个瘤子，在当地做了两三次手术，总是复发。他这个是恶性肿瘤，做不干净就会复发。他看到《人民日报》登了咱们医院的事迹之后，就奔着咱们医院来了。我们就把他安排在神经外科，他的这个瘤子长在了臂丛神经上。

手术是孙国良主任、米毅院长两人主刀，我做助手。当时我在神经外科。这例手术是我这一辈子做的时间最长的手术，十七个小时。

70年代初是我正式搞肿瘤的时候。当时搞肿瘤科的初衷是什么呢？在20世纪60年代末，周总理提出来了一个号召："攻克癌症。"国家就决定要制造先进的治疗肿瘤的设备，叫"电子感应加速器"。当时，国内只有一台这样的设备，在医科院（即中国医学科学院）肿瘤医院，从瑞典引进的，还有五台直线加速器，也是从国外买来的。这些设备国内还不能生产，所以国家就决定要自己研制一台加速器。医科院肿瘤医院的老院长吴桓兴是国际上知名的肿瘤专家，他和北京的一部分工程技术专家以及保定变压器厂联合组成了研发单位，要制造电子感应加速器。为什么在变压器厂制造呢？因为电子感应加速器里面的核心部件类似变压器。保定变压器厂当时在中国是三大变压器厂之一，保定离北京最近，合作也比较方便，所以生产基地就定在保定变压器厂。“文革”后期，我们医院改名为保定地区第一医院，属于地区管理，是保定最大的医院了。李军长当时在合作会议上指派变压器厂备两份机器材料，第一台给医科院肿瘤医院，第二台给保定地区第一医院。这个机器是治疗肿瘤的先进设备，但是保定还没有肿瘤这个专业，所以要培养肿瘤专业的人才，要派人出去学习。我们支部书记找到我，说国家要给咱们医院制造一个治疗肿瘤的先进设备，需要新建肿瘤科室，想让我去医科院肿瘤医院学习，并问我同意不同意。

我当时毫不犹豫地就同意了。虽然我在外科干得也不错，但当时科里的学术氛围不行，而且我在外科期间对癌症就十分重视。当时医学技术不发达，医生都认为癌症是不治之症，老百姓就更不用说了。我管过一部分癌症病人，想方设法为他们治疗，还特地去拜访那些传说有能治好肿瘤的偏方的医生，学回来之后给我的病人治疗，但还是一无所获。现在正好有这个去学习的机会，我当然很愿意去。除了我之外，上级还派了于保栓和我一起学放疗，派赵秀芬学习开机器，做技术员。他们也都是踏踏实实做工作的人，我们三个人就开始去北京进修学习。一个月后，医院又派代占英来北京学习放射物理和测量。至此，这个放疗小组成员才配齐。

我们是1971年11月去进修的，原定计划是让我们在医科院肿瘤医院学习一年。在外学习期间，我的想法就是：珍惜机会，好好学习。这是上级给我的任务，而且这对于我来说是个全新的领域，之前我也没有涉及过，所以我一直抓紧时间拼命地学习。这一年里，肿瘤医院常有一些学术活动，我们也跟着参加。有一次，我听吴院长做学术报告，他说当今肿瘤专业的发展方向是综合治疗，就是用不同专业的方法加以融合来治疗肿瘤。我听到后，心中一动。我在外科待了八年，外科手术的基础我还是有的，乳腺癌的手术我也做过，所以我也觉得不能单独搞放疗，要搞综合治疗。后来我就跟我们医院的领导说了这种想法，领导同意我回来搞综合肿瘤科。所以说，河北大学附属医院搞综合肿瘤科这个设想，是我从吴院长的报告上面得来的。

经过一年的学习，放疗的方法我们已经掌握了，但是机器还没有制造好。于是，我们就和医科院肿瘤医院商量，希望能延长进修时间。正好那边也缺大夫，就同意让我们继续进修学习。因为当时我心中已经有了综合治疗肿瘤的想法，所以我就想多学一些其他专业的知识。我看到化疗科的人，我就问化疗知识；想到搞肿瘤专业也需要病理知识，因为医生要根据不同的病理类型，来提出相应的治疗方案，我又提出来想学习病理的相关知识。我一共学习了三个月的病理。当时，病理老师说，学病理三个月时间不够，至少要学习半年。我就一天看十二至十四个小时的显微镜，除了吃饭和睡觉，其他所有空闲的时间我都在那里看显微镜。我看了他们之前积累的典型病理片子，看了他们每天手术的病理片子，看得我出门之后满眼都是肿瘤细胞。我是想把三个月当半年用。因为保定没有专门搞肿瘤的，我就只能自己挑起这个担子。除此之外，我还会抽时间去参观外科手术，学习他人的手术方法和技术。我发现我们医院过去做的肿瘤手术，和人家一比就显得不规范，不彻底。我参观人家的乳腺癌手术、胃癌手术、大肠癌手术、甲状腺手术，这都是一些常见的病例手术。此外，我和于大夫又用了一个月的时间，去学习了妇科的放疗。在医科院肿瘤医院进修的肿瘤大夫，都是这样争分夺秒地学习的，恐怕除了我们之外，没有先例了。当时，老师和领导对我们很好，想学什么就让学习什么。我们在那里也确实很努力，学习成绩也不错，所以他们对我们提的要求也尽量满足。后来我们在学术会议上看到当年的老师们，他们对我们仍旧十分亲切。

我是1973年5月回来的，于大夫是10月回来的，他比我多待了五个月。我回来了以后，领导让我先在外科收肿瘤病人，给了我八张病床。当时乳腺癌是最多的，也有直肠癌、甲状腺肿瘤。那时，我们医院还没有放疗，我就在那里做外科手术，把肿瘤医院的那一套手术方法搬了回来。咱们本院医生，包括进修大夫，看我为了彻底清除肿瘤，在血管上操作，都感到十分害怕，他们都担心我把血管碰破了。我一边做手术，他们一边在旁边感叹。

肿瘤科的建立与发展

1974年的下半年，筹建肿瘤科的事情就开始有眉目了。我们开始搞肿瘤科基建，建放疗机房，就在现在的凰庭酒店那里。那里之前是个二层楼，楼上是行政办公室，楼下东半部分是儿科，西半部分是病理科。领导决定把这个二层楼做肿瘤科病房，在这个院内建机房和门诊。因为我是内行，领导就让我给他们提建设方案做参考。机房在院内的布局、各个房间的功能图、设计草图

▶ 在医科院肿瘤医院进修时与病理科工作人员合影（左一为许秀峰）

都是我画的。后来，医院派总务科的杨建坤科长来这里当加速器安装小组的组长，开始安装加速器。当时安装加速器十分不容易，直到1978年我们才用上这台加速器。

在这之前，1975年11月，我们开始开门诊，当时的肿瘤门诊与胸外科门诊在一间房。

1976年，一切都有了眉目之后，我就向院领导要求，要一个有经验的外科大夫到肿瘤科来当主任，放疗和化疗他都可以不用操心，但是必须要保障手术的安全。当时外科有一些老师想来这边，但是我觉得他们的专业方向与这里不太吻合。后来，我去找阴慎齐老师，问他愿不愿意到这边来当主任。他一愣，以为我在这边搞了半天建设，肯定要在这边做主任，但我并没有这样想，当时我才三十多岁，自认为还有许多需要学习的地方，担不起主任这个责任。他问我："我去当，你愿意吗？"我说："我当然愿意，您是我的老师。"更主要的是，他的技术在保定是数一数二的，而且人也非常好。后来他又问我："领导会不会同意？"我说："只要你愿意来，领导那边我去说。"之后，我就去找了当时的白书记、王院长和徐院长，他们都是医院的老领导，我都很熟悉。这件事情就这样说定了。

1976年10月12号，阴老师正式调来肿瘤科当主任。我认为河北大学附属医院肿瘤科的建科应该从这一天算起，因为有了主任，整个框架才算建立起来。之前我带着大家，只能算是做了基本筹建工作。阴主任过来之后就与杨科长一起领导着我们这帮人，接着完善科室的建设。当时好多设备我们都做了计划，也都向上面的领导报批了，但当时资金匮乏，我就只能跟着领导到处去"要钱"。我们先向计委要了十万块钱来建机房，但还得有钱来购置设备和医疗器械啊。当时是"文革"后期，医院管理十分混乱，解放军走后有工作组来到了医院。因为工作组的人和省卫生厅的人比较熟悉，所以我就跟着工作组的人去省卫生厅要回十万块钱。咱们肿瘤科当时大部分基本的医疗设备，包括手术器械、桌椅板凳以及床位，都是用这十万块钱买的。像纤维食管镜、纤维胃镜，这些仪器都是咱们地区卫生局支持的，从日本进口的，在当时也是十分先进的医疗仪器。

阴老师来了以后，肿瘤科的门诊就正式开放了。当时在保定，我们是头一家。

我们请了省三院的一个老师，他是阴老师的同学，来给我们做了一次纤维内镜使用试教。这位老师是省内最早开展内镜检查的，在北京进修时，他们做食管镜的时候我也参观过。学习以后，我就和阴主任开展了纤维内镜检查。为了开展胃镜检查，我们科里又把胡庚坤大夫送去石家庄学习胃镜的使用。我们还有一个检测乳腺癌的机器，叫“乳腺钼靶X线摄影机”，在保定，我们是第一家引进这种机器的医院。我当年进修放射治疗时，放射治疗科和放射诊断科在一个走廊里。每天早上，都能看到放射诊断科主任带着医生看X光片子。我和于大夫在后面跟着一起看，因为我们科的门诊放疗病人来得较晚，我们上班来的早一点就去学习看片子。这样看了一年，一般X光片我都比较熟悉了。

直到1978年的8月2日，加速器全部安装完成。我们于8月3日开始接收门诊放疗病人。肿瘤科是我和于大夫先开的放疗，后来又调来张淑芬大夫。病房建好了之后，1979年6月21日，我们开始安排放疗病人住院。9月，我们手术室的装备准备齐全之后，医院又从大手术室给我们调来了一个护士长和一个护士，再配上我们科里原有的人，就把手术开起来了。1979年2月，肿瘤科成立了党支部，张霞是我们的支部书记。他和阴主任就是肿瘤科的领导了。不久，王宝连医生也从外科调了过来。我也是外科出身，再加上从外院调来的大夫贾益友、富鹰，我们在阴主任的领导下，一般手术都能开起来。可以说，1979年9月，肿瘤科的工作全面展开了。

在1978年底至1979年初这段时间，国内兴起了一种新的疗法，叫“肿瘤的热疗”。当时我和北京的老师联系很密切，信息也很通畅，加上每个医生都很年轻，都想追赶先进的技术，我们就想把这种技术引进过来。于是，我们请四机部十二所设计了图纸，让变压器厂造了一台热疗机器，这种机器叫作“射频治疗仪”。因为我经常去地区卫生局申请资金，所以和他们也熟悉了，他们当时有一台微波治疗机，我一看，这个可以治肿瘤，就找他们要过来了。我们就用这两台机器开始了肿瘤的热疗。

那时候，放疗加热疗是比较先进的方法。因为我们有好的机器，所以我们率先开展了这种先进疗法，这在国内是第一批，在省内也立了项目。我们做了几例食管癌的治疗，发现治疗效果确实比单纯的放疗要好。1980年，全国第一次热疗会议在北京召开，我参加了会议。因为我们当时的设计和观察都很严格，十分具有科学性，加上我们准备的论文材料老师们也都认为很不错，所以组委会安排我第一个发言。当时老师们还说，你们应该把论文登到《中华肿瘤杂志》上面去。那时，我们都没有这个意识，所以也就没有投稿发表。后来上海、北京研制热疗机，都邀请我去参加机器鉴定。

可是这种疗法我们没能坚持搞下去。1983年，领导班子要知识化，所以院里就要找业务能力强的大夫去当院长，我被选上了。当时肿瘤科刚搞起来，大家劲头正足，正是往前发展的时候，我其实是不愿意去的。但医院领导说要顾全大局，我是党员，要服从党的安排，于是就去医院当了副院长。因为这些课题都是我主持的，我走了以后，别人在这方面不如我熟悉，就没有继续搞下去。直至今日，我仍然能看到关于热疗、胃癌的术前放疗等课题的研究。我们的那些课题本来在国内都是一流的，却无奈被搁置了。这一直都是我心中的遗憾。

1984年的时候，我想从副院长的职位上退下来。当时，我们的院长陈贤栎也不愿意干行政工作，也想回去搞业务，他在8月递交了辞呈，辞职回科了。之后，我们科的阴慎齐主任接了院长这个职位。我也递交了辞职信，并去找阴院长商量，让他留在医院当院长，我回肿瘤科干业务。阴院长想让我留下来帮他继续管理医院，还说等他退休了再让我回去。我和阴院长师生关系这么多年，就留了下来。当然，这些也不是我们两个能决定的，也是服从上级领导的决定。等到1990年，阴院长退休之后，学院的党委书记又让我当书记。因为当时的民意测评我得的票数最多，但是我觉得我不适合当领导。我就去省卫生厅找领导，说我不想当书记，也不想当院长。我的一个亲戚当时在河北省医科院当书记，是当时河北省卫生厅厅长的老上级。我又去找他，让他帮我去跟省卫生厅的领导说，说我想回肿瘤科。当时，他们一家子都笑我。我说：“肿瘤科花费了我许多的心血，好不容易建立起来，而且在国内也已经初露头角，有了点儿名声，我真的很想回去干业务。”于是他打电话给厅长，说许秀峰是真不愿意干。这样，医院才同意我回科室。1991年3月1日，我又回到了肿瘤科。

我从1985年开始兼任肿瘤科的主任，因为阴老师当了院长以后就不能兼任科主任了，我是副院长，可以兼任科主任。从此，直到2000年我退休，我一直任肿瘤科主任。我任主任的时候，要求科室内年年都要有新的进步。

我们肿瘤科的风气，一是团结，二是协作。从肿瘤科创建开始，我们这些骨干一直都是很团结的。我们最初搞的就是综合治疗，直到现在肿瘤也强调综合治疗。当时像我们这样开展综合治疗的肿瘤科，在国内也是独一无二的。

随着肿瘤学的发展，学科越分越细，我们又把专业细化，开始把年轻医生送到不同的医院去进修学习。我的理念就是要吸取各家之长，我们的医生，有在医科院肿瘤医院进修的，有在三〇一医院或者天津肿瘤医院进修的，还有在通州肺部肿瘤研究所或者北京肿瘤医院学习过的。我们也曾想送到上海去，但是没有联系成功。陆陆续续地，我们培养了各个专业的技术骨干。

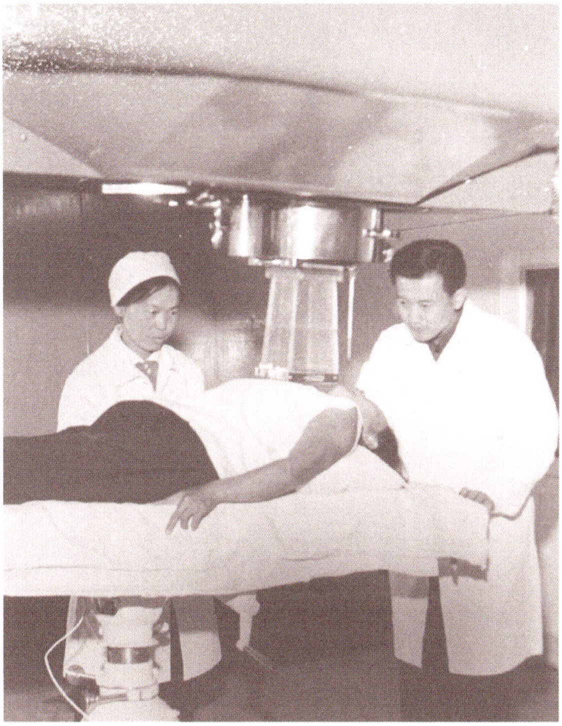

▶ 使用电子加速器为病人进行放疗（右一为许秀峰）

现在，我们搞了MDT（即多学科团队），因为学科越分越细。我们当时只有一个科，就要求我们全部都会，我们每个人本身都是MDT。现在要求协作，就不如我们本身自己就会，但是话说回来，学科越分越细，他们也就学得越精。

我们曾想把肿瘤科发展成肿瘤医院，建在西院，里面可以设不同的专业科室，医技科室和大医院共享。我们场地虽然小，但是“麻雀虽小，五脏俱全”，每个专业的人员都有。后来医院没有同意，于是就盖了二号楼，实际上盖的就是肿瘤科大楼。二号楼我们科占了三层，一层是放疗和化疗两个专业，一层是普通肿瘤，还有一层是头颈肿瘤和胸部肿瘤。此外，当时中西医结合

▶肿瘤科全体工作人员（第二排右一为许秀峰）

占了一层楼。我们在旧楼的时候病床只有四十五张，到新楼后增加到一百二十张。因为当时各方面骨干都培养好了，所以肿瘤科就正式分成了五大专业。

我们缺少的人才就是肿瘤内科的化疗人才，外科手术和放疗都没有问题了。当时臧爱民主任正在协和医院进修血液科，她的丈夫就是王洪同志。王洪是80年代毕业的，当时是神经外科主任，后来当了医院的院长。我当院长的时候，经常到各科室看，对每个学生的工作态度、基本的专业知识程度都有所了解。我觉得有几个学生很不错，就和王洪主任沟通了一下，说我想让臧爱民大夫来开展肿瘤内科。他一下就同意了，非常果断。协和医院经常有肿瘤方面的学术活动，因为我进修的时候经常去协和医院听学术报告，就建议臧大夫去协和医院听听有关肿瘤的学术报告。毕竟，血液科和肿瘤科有所不同。等到1997年我们正式分专业之后，臧爱民大夫正好进修回来，我们就把她要过来了。那时，化疗专业一共有四个人，都是初来乍到。因为我在化疗方面有一定的基础，所以就由我先带带他们。四年之后，我觉得他们有能力了，就撤下来了。臧爱民这个人，真是个人才，一直做肿瘤内科的主任，业务能力和管理能力都非常强。她在肿瘤内科开展了许多新的工作，把肿瘤内科发展成当今省内一流专业。现在，她是河北省抗癌协会肿瘤内科专业委员会主任委员。

肿瘤科在2015年搬到北院以后和普外合并，并把专业进一步细化了，北院目前实际上是以肿瘤为主。

四、行医感悟

我在肿瘤科这么多年，接触过很多病人，也给很多病人做过手术，有这样两个病例，我印象深刻，也让我作为一个医生非常感慨。这两个病例，都发生在十几年前。

我们会努力医治每一个病人

一位四十多岁的妇女在公园里看到了许多癌症患者在锻炼身体，听他们说到了我，就来找我了。她的病是乙状结肠癌。在来我们医院之前，她已经做过两三次手术了，是北京的专家给她做的，复发之后，北京的专家说肿瘤切除不了了，都转移了，说她还剩下三个月左右的生命，就只给她做了个横结肠造瘘。

她找到我哭着说："你救救我吧，我不能死啊，我的孩子才一岁半。"我说："你先别哭，先检查看看。"通过检查，我发现她的盆腔内瘤子确实不少，但是都不算大，大的也就两三厘米。我看她身体状况还不错，就为她进行综合治疗，用化疗和中药结合免疫治疗。这样治了十四个月，她的肿瘤逐渐缩小，B超也看不太清楚了，身体也好了。我想，应该去掉她的造瘘，让她正常大便。我给她做了CT和B超检查，看了看还行。她剩下的那些结肠，通过结肠镜检查发现血循环还不错，我就答应给她做手术。当时是我和陈保平主任一起做的手术，整整做了十一个小时，把不好的那些肠管切掉，把好的肠管与直肠吻合上；把原来的造瘘切除，把肠管重新修复好。这是我在肿瘤科做的时间最长的手术。手术挺成功的，她像正常人一样恢复了从肛门排便，而且功能都正常。这个人现在已经到了美国，去年回国之后特意来我这里复查，经检查一切良好。

给我留下深刻印象的另一个患者是一个二十多岁的姑娘。她患上了盆腔的恶性肿瘤，是软组织肉瘤，在××医学院附属医院做过两三次手术，之后还是复发了。她右侧的耻骨已经转移破坏了。她跟我们医院的B超科主任是亲戚，这位主任就介绍她来到了我这儿。给她看完之后，我和陈主任给她做了根治性手术。据了解，她现在还很健康。

这两个病例，让我感受到只要努力就有可能成功，我们要放弃那病人就完了。

你只要相信医生，让他去治，他就会尽力去治。一辈子行医，对每个病人，不管是干部还是穷苦老百姓，我都是认真治病，努力救人。因为我的本职工作就是治病救人，我不图任何回报。尽力了，病人活了，这是医生最高兴的。

我们没有办法保证把每一个病人都治好

大家都应该明白，医学的变数太大了，因为世界上的每一个人都是独一无二的。人不像机器，有型号，有批号，有原材料的出处，人没有，一个人一个样。同一种病，在不同的人身上会有不同的表现和不同的结果。医生不是神仙，治病也不像修机器一样，零件坏了换一个就可以了。所以，我们没有办法保证每一个病人都能被救活，也没有一个大夫能把每一个病人都救活。

我觉得现在医院的工作非常难做。为什么呢？因为好多病人家属不理解，他不认为医生是在努力地救命，他认为医院是在赚钱。如果人被治好了，那就没什么事，如果有人死了或者有后遗症，他就不认可。现在的医院经常会有人来闹事。像有些恶性肿瘤的病人，到了一定程度，医生已经没有回天之力了，可是不少家属，治不好就会埋怨大夫，甚至打大夫，还有杀大夫的，我感到大夫非常冤。更重要的是，我觉得这样发展下去，中国的医学发展会非常缓慢。因为当一个病人在大夫手里治疗失败了之后，大夫自己也会非常伤心，他一定会左分析、右分析，想哪个地方出错了，失败在哪儿了。这样反思之后，他对下一个病人，就会想办法解决问题。你不让他动，或者他一看有风险、没把握就不敢治了，或者说你转院吧。别处就有神仙吗？这样最主要的就是对病人不利。这么闹腾下去，医生胆小了，不敢治了，那倒霉的还是病人。所以我觉得应该慢慢地扭转医患关系，不然，医学发展会受到阻碍。

我仍然需要继续努力

我是2000年3月退休的，当时肿瘤科发展得很好。到2018年，肿瘤科建立已有四十个年头。一路走来，我觉得我们肿瘤科的科风非常好，并且一直保持着，大家团结一致、一起往前走的精神十分难得。如今肿瘤外科和普通外科合起来一起发展，而且发展得很好，取得的成绩在国内也是知名的。我看着年轻人一代一代地发展起来，内心十分欣喜，也很激动，觉得之前吃的苦，遭的罪都值得。如今，我当年的心愿也算是实现了。

现在，我们医院还返聘着我。也许人们会说我一直为医院贡献着自己的一份力量，但是在我看来，作为一名老一辈的共产党员，这些都是我应该做的事情。组织上信任我，派给我这份工作，我就一定要做好。医院对我也很好，给了我很多奖状和证书，还有很多名誉上的褒奖，比如“德技双馨专家”“河北省优秀党员”等，我认为这些奖项把我抬得太高了，我自己仍然需要继续努力，要对得起医院的表扬和信任。

我工作五十年时，自己写过几句诗。我给你们念一念，算是我从医这些年的感慨吧。

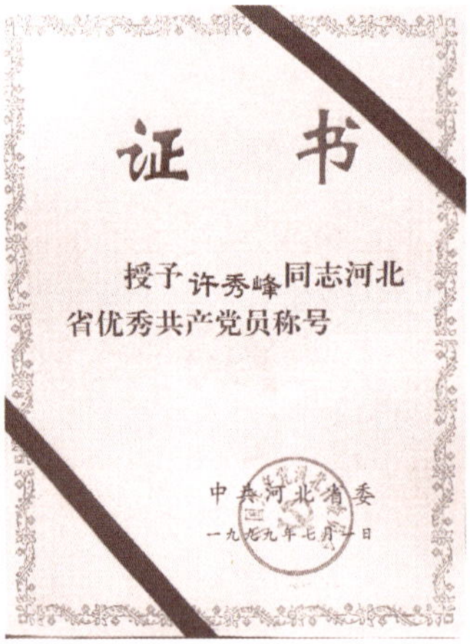

▶ “河北省优秀共产党员”证书

▶ “德技双馨专家”终身荣誉称号

一念济世拜杏坛，风雨兼程几十年。
勇驱死神无其数，乐得梦醒带笑颜。
授业解惑倾囊尽，期盼新青胜旧兰。
满园幼苗成栋梁，老翁松心得清闲。
余热三十七八度，尚能发挥心也甜。

赵芙蓉：为事业日夜奔波，无怨无悔

一、童年的寄居生活

我的祖籍是河北省沧州市献县商家林四分村，爷爷有五个孩子，我父亲和四个姑姑。那时家乡发洪水，家里特别困难，姑姑们都嫁人了，我爸爸则被爷爷送到哈尔滨去当木工学徒，那年我爸爸十六岁。之后，老家有人介绍了我妈妈给爸爸，妈妈就随着去了哈尔滨。1941年12月12日，我在哈尔滨出生。听老人说，当时老家因洪水生活困难，亲戚们都闯关东，所以我在哈尔滨有两个舅舅、两个姨、一个姑姑。

我的童年是不幸的。出生时天气寒冷，妈妈就病了。从我记事起，妈妈身体就不好，先是腿疼、活动不方便，后来慢慢变成需要长期卧床。爸爸要上班，我就要负责照顾妈妈的饮食起居，还做些简单的家务活儿。妈妈身体不好，心情也不好，所以我从小没有享受什么母爱。好在爸爸下班回来后，会教我认字、写字，还有简单的算术。

妈妈在我七岁那年去世了，之后，我便轮流寄居在舅舅家、姨妈家和姑姑家。虽然缺失了母爱，但是亲戚对我都很好。也因为寄居生活，我从小就养成了自觉的性格，我会抢着干家务活儿，跟兄弟姐妹玩耍、吃东西的时候也都会让着。我妈妈和我的姑姑、姨妈手都很巧，会做针线活，在我几岁时，她们就开始教我做针线。这对我后来做妇产科手术是有帮助的。我对手术要求严谨，对下级大夫和我自己都一样，不但要会做手术，还要把手术做好、做漂亮。比如缝皮，要做到美观、对合整齐，严格把控针距。

妈妈去世后几年，爷爷想让爸爸落叶归根。所以，十岁那年，我跟着爸爸从哈尔滨回到了老家河北献县。回来以后，我便有了继母，我与继母相处得不错，她对我好，我也尊敬她。

二、村里出了个小女状元

我的老家商家林镇，一千多户人家，分四个分村，我是在四分村上的小学。那时的小学是四个年级，高小两个年级。回老家前，我虽然没上过学，但父亲教我认了许多字，也学过简单的加减乘除，父亲便把我送到学校，准备上二年级。可是当时学校二年级的教材没了，便给了我三年级的教材，这就需要我更加努力学习了。虽然刚开始有点儿困难，但通过努力，我很快跟上了学习进度。小学四年级时，正好赶上毕业时间从寒假变成暑假，所以我的小学只用了一年半的时间便读完了。

小学毕业，我考上了高小。在高小，我的成绩基本都在前三名。家里人说："你连蹿带蹦地就名列前茅了。"村里人说："你是个小女状元。"

高小毕业，我考上了我们县的献县中学。初中三年，我都是班里的学习委员。我喜欢文学，在班上负责写黑板报，后来老师推荐我到学生会担任宣传部长。因为初中三年学习优秀，也获得了"三好学生"等荣誉，毕业时我被保送上高中，但是家里有两个弟弟，经济困难，所以，我把保送上高中的事情瞒了下来，放弃高中，选择了保定医学院。保定医学院是由保定卫校和通州医士学校合并成立的。招生简章上说，初中上大专，五年时间要达到大学本科水平。“腹有诗书气自华”，当时傲气的我，毫不犹豫地报考了五年的大专。考试很顺利，我也顺利地被保定医学院录取。

三、为学校而感到自豪

最初考虑保定医学院，是因为这个学校吃饭不花钱，可以减轻家里负担。后来，在哈尔滨学医的表姐劝我学医，而我自己也想起了母亲因病早逝和我童年的经历。于是，学医的念头便坚定下来了。我要学医，我要为人民服务，我要为人民解除痛苦。

开学时，校长林青说，初中毕业上五年的大专班，要达到大学本科的水平。大专班二百个学生都是校长亲手挑选的九十分以上的学生，分数不够的学生都被分到了中专。因此我非常珍惜这个学习的机会。我们大专分为专一、专二两个班，我是专二班，跟我的先生同班。

没学理论先实践

那个年代，学校狠抓教学质量，学习风气浓厚，还要求我们又红又专。五分满分，我和先生基本都能得满分。虽然“大跃进”时期大炼钢铁、三秋种麦占用了许多学习时间，但我们的学习风气和学习质量还是比较好。工作以后的实践证明，我们这两个班的学生质量确实较高。

▶ 1960年，保定医学院师生在涞源“四普”时合影（第一排右五为赵芙蓉）

1961年，我们参加了下乡灭浮肿的医疗队。老师给我们每人发针灸针，灭浮肿的同时兼治一些其他病，比如头疼、牙疼等。“四普”时，我在涞源跟着一位生化老师和一位病理科老师，主要普查普治沙眼、子宫脱垂等，在涞源还遇到了两个小孩儿因生吃杏仁氢氰酸中毒死亡的病例。

老师带着我们下乡实践时，我们还没有学临床课，所以我特别珍惜这个机会，先实践，再回头学理论时，自然就联系起来了。学儿科的时候我知道氢氰酸中毒，学浮肿治疗时我知道有营养不良型的浮肿；学妇产科时，我知道营养不良会导致妇女闭经，无法生育。

下乡时跟着大队吃饭，就是吃玉米芯和山药梗，或是吃菜笼，我们也面临严重的营养不良，浮肿、闭经。后来，学校让我们参加了营养食堂，吃得相对好一些。

那段日子虽然艰辛，但也锻炼了我们的意志，增长了我们的才干。

以身作则带好头

刚入学时，我一心想好好学习，以后当一名好医生，所以决定不当学生干部，但是后来户口、档案都过来了，老师又让我到学校团委会负责宣传部。那个年代，每个班都有通讯员，按照学校要求，各班通讯员要定期把报道同学们学习、生活情况的稿子报到宣传部。我就利用业余时间审稿子、选稿子并在播音室播音。因为播音，我基本没有和同学们一起吃过午饭，都是吃同学们给我留的一点儿饭菜。但我想，不管做什么工作，我都要以身作则，才有资格说服别人，要求别人，交代任务。

▶2017年，专二班部分师生合影（第二排左五为赵芙蓉）

除了这些活动，我们在学校最主要的任务就是学习。第一年，学校教了高中三年的理论知识，第二年开始学医学的基础理论，之后再学临床课。我们专一、专二班的两个大教室经常都是彻夜亮着灯，有的同学熬到晚上十二点，有的同学回宿舍睡一会儿又早早来到教室。同学间的感情非常淳朴，我们都经常主动帮助别人复习功课。因为成绩优异又非常刻苦，当时校长常以我们两个班的学生为豪。

2017年，我做东，召集三十多个同学来保定聚会。有一位在北京的女同学，比我大三岁，跟我说："要不是你帮助我复习功课，我就毕不了业。"那时候考试特别严格，没有作弊这一说，绝对是自己的真实成绩。另外，同学们有什么生活困难我都会主动伸出援手，所以我人缘比较好。现在，我还是愿意帮助别人，我觉得这是一种快乐。

我们的老师非常优秀

我们大专两个班的主要课程的授课老师都非常优秀。

内科老师是陈森孙老师，他给我们讲内科学，后来调到了南方。我们的内科教材是山东医学院编的，医疗专科班的教材不是本科的，但学校要求我们要达到大学本科水平，所以陈老师花费大量心血和时间编写了新的讲义。因为备课辛苦，他来上课了，眼睛都是红红的。陈老师编写的讲义，条理清晰、内容专业，受到许多医学院内科老师的肯定，我和先生非常珍惜。此外，教学实践过程中，陈老师也非常耐心、细致、严格，比如利用显微镜观察细胞时，他都会时刻监督着我们。

妇产科老师是1949年山东医学院毕业的陈德芬老师。陈德芬老师在保定很有名。她和我们是邻居，前两年去世了，我感到非常难受。

外科是尹瑞山老师，现在依然健在。尹老师讲课非常形象、生动。讲外科总论，从消毒到穿衣，讲课时都带着表演，容易让学生理解，也让学生记忆深刻。眼科是李鑫老师，后来调到保定市第一中心医院去了。

我们上学时，解剖室有很多尸体。讲解剖的杨冠英老师非常棒，除了讲理论，还带我们到解剖室去观摩。比如讲四肢时，就拿出胳膊和大腿，讲心脏就拿实体心脏给我们看。

除了讲理论课的老师以外，解剖室还有好多实验员安排学生的解剖课程。我们班一百个学生，分为三个小班，轮流过去。像我先生他们胆子大，敢晚上自己去学习，我们女孩儿有些害怕，都是集体去。

现在回想起来，我们专一、专二两个班配备的老师特别好，解剖室也好。毕业以后的实践证明，分到各地的同学们确实都是单位的业务骨干。

严谨正规的生产实习

我们学校的实习非常正规。实习，分为教学实习和生产实习。教学实习就是学校这堂课讲了早孕的诊断，学生就到医院来接触早孕病人，而生产实习是毕业那一年的实习，学生是完全在医院的。

我们的生产实习是在医院的内科、外科、妇科、儿科。那时生产实习的条件比现在好，妇产科保证每个实习生接生一个婴儿，这是现在达不到也不敢去做的；外科实习要保证每个实习生做一个阑尾或疝气手术，这在现在也是不可能的。

我的生产实习在附属医院，我先生在二六三医院实习内外科，在妇幼保健院实习妇科，妇科实习时他也接过生。以前，实习的学生少，老师特别认真，按照医学院大学本科的教育来保证质量。虽然时间不长，但都达到了标准。实习时谁都不敢提前走，随便不来，我们都非常珍惜实习的机会。

我在附属医院实习时的实习小组，是专一、专二两个班混编的。我和专一班的一位同学担任实习大组长，两个人监管着整个实习。此外，实习大组还细分为几个小组，我的小组共三人，是我和两个男同学。

附属医院有两个专门管教学的老师，这两个老师现在还都在，一个江老师，一个顾老师。同学们在生活上、实习上有什么问题都会跟他们反映，他们会及时跟医院的大夫老师沟通。当年教学和实习的严格，确实是保证了实习的质量和效果。实习过程中，学生每个科室都去，不仅内、外、妇、儿四大科室，五官科也去。在老师带领下，我在妇产科接生了一个婴儿，在外科做了一例阑尾炎手术。

四、先立业后成家

上学时，学习抓得特别紧，不让搞对象。我和我先生当时是学生干部，属于优秀学生，也不会搞对象。但在当时，一说到学生干部选举，同学们自然地就把赵芙蓉和许秀峰连在一起了。我和先生互有好感，是好同学、好同志，但不敢有其他想法。

直到毕业时，班上的一位部队转业的老大姐，四十来岁，她的丈夫是原来老卫生厅的厅长。她说："就要毕业了，你们俩是不是考虑下这个问题？"我和先生都挺不好意思的。后来，我们跟学校领导说我们是好同学、好同志，一起学习了五年，相处还不错，建立了稳定的感情，但是我们毕业后一定要先好好学习、好好工作，不说成家这个事儿。领导们也认可了我和先生的关系。

我们毕业那年分配大部分面向基层，也有少数留在石家庄、邢台的市级医院。毕业分配时，我和先生都写了服从分配，最后学院领导考虑我们在学校五年的表现，把我们俩都留在河北职工医学院附属医院。当时我们特别惊讶，也很惊喜、很激动，我们没提要求，没走后门、没有关系，就留在了医院。我们想着，既然领导这么重视我们，把我们留在附属医院，我们一定要好好工作，一定不能辜负校领导和老师们对我们的培养和教育。到医院工作以后，我们俩就计划，先立业后成家，五年以后再结婚。

入职初期

到了医院入职，我分到了妇产科，我先生分到了外科。我很高兴，因为我生产实习在这个医院待了一年，各科我都接触过，与妇产科的老师们也熟悉。入职以后，科室的老师们对我也很热情，很照顾。那段时间，我们就抱着一颗好好工作的雄心，别的都不想谈。

我们没有一起看过电影，很少出去玩，闲暇之余就在一块儿交流工作，你看多少病人，我看多少病人；你有什么特殊的，我有什么特殊的；我学习了什么，你学习了什么。两个年轻的单身汉，住在医院集体宿舍，晚上到科室看病人、写病历、学习、替老大夫值班。我先生有一段时间分到烧伤病房工作，昼夜二十四小时连轴转了二十来天，因为吃夜班饭、没注意休息，还得了甲型肝炎。

那时候觉得好像有使不完的劲儿，一心想着好好工作，跟着老师们好好干，多照顾老师，替老师值班。如果人家跟我换班，我也都欣然同意。

听诊器加一把刀

我毕业时，妇科、产科加在一起，总共四十来张床。最开始，妇产科以产科为主，产科病人和床位多，妇科少。后来，慢慢演变为妇科多，产科少，但妇科和产科混合在一起，大夫既管产科也管妇科。

当时妇产科主任叫郭淑芳。另外，我们科里还有一位老主任叫郝奕龙，他在美国待过，技术权威，业务好。作为刚毕业的学生，我跟着上级大夫、给我讲课的陈德芬老师及科室主任学习，他们每一个人都专业、严谨，让我收获颇多。当年科室有一位姜韵中大夫，是姜静中的姐姐，我们接触较多。还有一位周玉慧大夫，后来调到北京。周玉慧当时是两地分居，很艰苦，她周六、周日回家时我都替她值班，给她看家。还有一位安琼老大夫，现在已不在了。

妇产科里的老师我都会跟着学习，老师们身上有很多值得我学习的地方。陈德芬老师教导我说："你要做一个妇产科大夫，妇科就是手术，练得多了熟能生巧；产科大夫不容易，就是观察产程。"她的这句话令我印象深刻，也受益良多。观察产程，生产的过程千变万化，开始正常产，可能到最后变成剖腹产，这就是产程发生的变化。我要做的是耐心观察，手放在孕妇的腹壁上、子宫上，观察她宫缩的时间、强度、间隔的时间，还要查宫口开大的情况、先露下降的情况。

我实习时内科有位李坚如老师，因为我学习好，比较喜欢我。她告诉我："赵芙蓉我告诉你，不管你分到哪个科室，你到那个科室以后要重新来。你要到内科，你必须背过一本内科书。"分配到妇产科后，我就按照李老师说的，买了《实用妇产科学》《妇产科手术学》和《妇产科症状鉴别诊断学》，这是我最早看的三本书。其中，《实用妇产科学》必须背。

李老师给的这个提示，其实是在告诉我，无论做哪个科室，理论必须扎实。他还说："你分到了手术科室，千万不能就是一把刀，你必须得理论基础好；我们内科是听诊器，你分到手术科室，你就要听诊器加一把刀。"到现在我依然记忆犹新，他是在告诉我，不能光练手术，理论也要好。刚工作时，可愿意做手术了，但是要有理论，要懂解剖关系。随着经验增长，我现在明白，诊断是最主要的，诊断明确后，手术和治疗就迎刃而解了。可以说，这也是我这一生的体会。

我要好好学习理论，必须从基本功开始，包括写病历、问病史。开始时，老大夫们写的病历我都翻阅，学习怎么写。很快，我写的病历得到郭主任的认可，她说小赵的病历写得比较好，这也是个技术。怎么采集病史，写病历，是医生的基本功。

记得曾有一个病例，我们本院的一个病人，未婚，子宫出血，无法治愈，决定转院去北京。主任交代我为她写病历摘要，转北京。后来，她反馈给我说，我写的那个病历摘要北京的大夫都认可，说好。

医学，说到底是一门实践的自然科学，哪怕理论再好，没有实践也不行，所以我愿意加班加点跟着老师学习实践。自己管的病人自己上手术，重大手术、特殊病例或不是我的病人我就不能上手术，但是在完成自己的工作后，我都会到手术室去参观学习。现在，我也这样教育我的学生，不能走马观花地看，一定要看进脑子里。以前，妇产科最大的手术就是子宫全切。我看了手术后，每天回来像过电影一样，站在手术者的位置上练习，手术室用废的针、线，我拿来练打结、练缝合。我会做针线，我对手术要求完美，这一点我们科里的人都知道。

赵北口公社下乡三个月

1963年闹大水，发生霍乱，霍乱是一种烈性传染病。那时我刚毕业，医院组织医疗队下乡，医疗队由各个科的人组成。郭主任特别好，对我说："实在是没有办法，医院跟咱们科要人，派不出来了。"我说："没关系，下乡也是锻炼。"所以，就在进医院第一年的秋季，我来到安新县赵北口公社灭霍乱，下乡三个月。那个春节就是在安新县过的。

我印象特别深，安新县都是水区，一次出诊时，一个女同志来接我。我一脚踏上了两只船，一下子就掉到了河里，幸亏我扒着船，那个女同志也赶紧拽我，才没有发生危险。下乡的三个月里，

▶1965年战地救护培训中，赵芙蓉（右）正在训练匍匐前进

▶ 1965年，保定市民兵、卫生兵战地救护毕业合影（第一排左四为赵芙蓉）

以内科为主，以霍乱肠道传染病为主。后来，许多赵北口公社的人，都跟我保持着联系。

下乡回来，我又陆续参加了保定市民兵、卫生兵战地救护，训练战地救护匍匐前进，还参加保定市的计划生育手术四术（绝育、人工流产、取环和上环）学习班，实际上台操作时是跟着妇幼的老师学习，所以我与妇幼许多老师熟悉。

五、结婚就等于分开——调走筹建军工医院

计划赶不上变化，我和先生曾说要先立业后成家，毕业五年

以后再结婚，但最后没有等到五年，1965年就结婚了。为什么结婚？因为我们结婚就等于分开。根据毛主席的指示——“备战、备荒、为人民”，我被调去筹建军工医院。

回来以后，听人事科长说起，那时五机部的同志带着盖有国防工办公章的介绍信到医院，让人事科把妇产科大夫的档案都拿给他。他说：“我就都抱给他了，也不知道就会把你给挑走了。”

当时，医院领导跟我谈，也跟我先生谈，问我俩关系是否确定了？我先生说：“我们定了，但是我们没想结婚，我们是先搞事业后成家。”领导非常关心我们，希望在我走之前登记结婚，将来两人探亲也方便。我们结婚虽然简单，但登记时的待遇很优厚，主任、支部书记陪着，医院派了一辆吉普载我们到民政局。我们俩一句话都没说，他们给我们填表，他们给我们签字。主任回来跟科里人开玩笑说：“他们俩呀，就像家庭包办的一样，一句话也没说就结婚登记了。”

▶ 许秀峰、赵芙蓉结婚时的照片

结婚前，我们也没准备，我的工资刚寄给家里。没办法，就给两个科室买了点儿糖。当时周玉慧老师回北京了，我正给她看家，就在她的屋里，科里的人借给我们一个大床单，就算结婚了。

因为军工医院筹建工作任务紧急，结婚三天后，我就走了。那时非常坚强，我和先生雄心壮志，坚定了做事业的心，我们俩

▶ 赵芙蓉与儿子

都是党员，坚决服从党的分配。

一〇五医院是河北省的军工医院（今河北省第七人民医院），在阜平和曲阳交界处一个叫北水峪村的地方。筹建时医院人少，有院长、书记、办公室主任、秘书等，妇产科我是第一个去的，也就我一个人。后来，我跟院长一起规划布局妇产科，开展科室筹建工作，我是一〇五医院妇产科的元老。之后，陆续从河北省的各个城市调来了妇产科大夫、助产士，当然其中也有比我年资高的大夫。

很快到了1966年，要在涞源山区建军工厂，需要从医院抽调人员组成医疗队去涞源。当时从一〇五医院各科室抽调了十几个人组成医疗队。妇产科我来得最早，于是，我又被抽调去涞源筹建新的军工厂医院。

我从1966年到涞源，一直干到1973年。我们夫妻俩年轻时聚少离多。那时也有探亲假，有时出差也会到保定看我先生，看科室的同志们。

1968年，我的儿子在附属医院妇产科出生，大家都很照顾我们。可生完儿子后，我自己带孩子到涞源生活和工作，就特别艰苦。我记得走的时候是8月，保定还挺热的天气，我背着个小包袱、抱着个孩子，自己坐了大巴车到涞源。哪知道，涞源的天气已经特别特别冷了，孩子没衣服又没地方买，都得自己做。我会做针线，但是小孩儿衣服不会剪裁，只能买了布，请房东帮忙剪裁，自己给孩子缝制小夹袄、小夹裤。

因为工作强度大、生活不规律，我的奶不够吃。我一着急，更没奶，就这样恶性循环。当时搞三线建设，各地都上北京进货，我就让司机同志给我带炼乳、全脂奶粉。我还上五里地以外赶集，给孩子买了二斤国光小苹果，拿勺搓着喂给他。一个人带着孩子非常辛苦。

有时候，晚上我正在卫生室给孩子沏奶粉，来病人了，简单的外伤我能包扎，严重的我得送县医院，我就得放下孩子赶紧看病。工人们也照顾我，陪伴病人的工友就替我抱着孩子，我才能给工人们看病、拿药、包扎。

一个人带着孩子太过艰难，无奈之下，在孩子一岁多时把他送到邢台奶奶家，但奶奶身体也不是很好。后来又生了老二，两个孩子真是没法儿带了。我和我先生最后决定，还是要将困难向领导反映。当时本没想回来，想着我和先生都调去涞源的东方军工厂医院，那儿的医院也特别欢迎我和我先生，但附属医院不愿意放我先生走，于是就又把我调回来了。

六、回到医院，奋起直追

从涞源调回附属医院是1973年，我刚调回来，我先生就准备去北京学习肿瘤了，所以老同志们都说我们这俩人捉迷藏。回到附属医院妇产科，虽然人都熟悉，但我明显感到，我必须要奋起直追了。出去这些年，基本上都是做卫生所的工作，很少接触手术，必须加倍努力。

我的两个孩子，脖子挎着钥匙，没人管，一会儿姥姥家，一会儿奶奶家。后来，孩子在新华幼儿园上整托，星期一早晨送走，星期六下午接回来。当时我们俩人一个月工资才几十块钱，每个月学费就要十五块钱。因为都是手术科室，夫妻俩经常二十四小时见不着面，有时孩子回家了还得让邻居帮忙照看。

回附属医院后，我虚心向老大夫学习，很快就有机会做手术了，计划生育手术、卵巢肿瘤手术、剖宫产、子宫次全切除等。后来，小的手术，我也可以带着学生和下级大夫做了。

“文化大革命”时，原来的妇产科主任调走了，科室里很乱，领导就是临时负责人。当时还推行医护合一，护士跟大夫组成一个组，管着一组病人，但有事仍由大夫负责。我是大夫，我尽全力照顾好病人。我始终保持向别人学习的状态，有疑难病例我不自己盲目动手，请有经验的大夫会诊，保证病人的安全。

我在学校时爱看的小说，比如《苦菜花》《林海雪原》《青春之歌》，还有苏联的小说《钢铁是怎样炼成的》。再者就是，毕业进医院时，党委书记对我们的教育：假如我是一个病人，要设身处地地关心病人，要急病人所急，痛病人所痛，想病人所想。所以，我养成了谨慎、好学的习惯，不耻下问，一定要为病人负责。

总的来说，支援三线八年，锤炼了我的思想和意志。但是跟一直在附属医院工作的大夫相比，我自觉技术水平各方面确有不足，因此，我要奋起直追，加倍努力。

七、人生最大考验——援助非洲

1977年，为支援世界革命，援助非洲，组织中国医疗队，我又被选上了。这次对我的震动、对我们俩的考验比以前任何一次都更大。支援三线时，我们俩是快乐的单身汉，没有后顾之忧。但现在，我有家、有孩子，我割舍不下我的两个孩子。

开始，我只是预备人选。因此，当临时改变人选，由我去支援非洲时，我完全没有思想准备。而且，前一批医疗队订了1977年10月6日的飞机票要回国，我们必须得10月6日赶到非洲，非常仓促。

但冷静下来想想：我俩都是党员，这是省里派的任务，我们必须支持医院的工作，也不能辜负党对我们多年的培养。于是，还是服从了支援非洲的政治任务。

临别时女儿无声的眼泪

我去援非时，女儿还小，身体也不好。我们俩忙，也不会带孩子，女儿总是发烧、感冒、咳嗽，甚至有些肺气肿；对儿子还没有太担心，但对女儿真的不舍。

领导很关爱我们，说有什么困难你们就说。我们毫无要求，服从党的安排。当时领导也觉得过意不去，作为补偿，给我们发了一张上

▶ 许秀峰、赵芙蓉夫妇与许妈妈

海牌的缝纫机票，因为我会做针线，我们就花了一百多块钱买了缝纫机。

我走的时候女儿五岁，儿子八岁，先生没办法自己带两个孩子，所以，他跟我的婆婆商量。婆婆虽年近六十岁，身体不好，但是人特别好。她说："我去照顾他们，你就放心走吧，虽然没有体力出去采购，但我可以给他们做饭吃。"这样，我虽不舍，但也稍微放心些。

走之前，我们夫妻俩给孩子做了思想工作，说不许哭。我儿子没哭，但是我女儿不行。算上国内培训的时间，我这一走要两年多，但我不能对孩子说，我告诉他们，妈妈很快会回来。临走时，科室的同事、医院的同事开着车送我到火车站，先生抱着女儿，女儿的眼泪把我先生的衣服都浸湿了，那是无声的眼泪……

走前集训两个月

支援非洲前，我们接受了两个月的集训。先在石家庄培训，后到北京卫生部培训，培训要求严格。那时候需要置装，不像现在买什么衣服都有，要求做一身礼服，自己还要采买些裙子，还需要打许多防疫针。

另外，就是外事纪律的教育。我们医疗队是代表中华人民共和国前往非洲，我们的一言一行都要注意，句句要小心，事事要请示，我们大家都严格遵守。

医疗队交接，迅速进入工作状态

我们支援的地方是非洲的扎伊尔，就是现在的刚果（金）。到达非洲第一天，我们住在大使馆招待所，第二天到医疗队驻地。我们到达后，前一批队员就准备搭乘第二天的飞机飞回祖国。他们在非洲整整两年，思乡之情非常重。而我们新一批医疗队，在与前一批队员交接后，马不停蹄地开始了工作。

刚到非洲，下飞机的瞬间我感觉像进了一个蒸笼，四五十度的温度。看地图，赤道就贯穿在扎伊尔的首都金沙萨的中间，分不清东西南北，只感觉特别热。因为热，我们吃不下饭，但工作依然要开展。我们医疗队一人管一个病房，一位黑人男护士长陪我查房，我感到害怕和紧张。语言不通、天气炎热、饮食不惯，在非洲的生活、工作很不适应。

我们有三个女同胞在金沙萨妇产医院上班，别的科室的医生在对门的综合医院上班。当地人不会说法语，他们说当地的语言英格拉，但翻译官讲法语，所以，我们只能一边工作一边学法语，同时还得跟当地人学英格拉。所以，看病就是法语加英格拉，加中国话，再加比画。

每天早晨七点吃饭，八点之前出发，一个大轿子车拉着我们三十个人到医院上班。到妇产医院，把我们妇产科医生放下，然后再到对面，把内科、外科、耳鼻喉科、麻醉手术室的医生放下。我们妇产医院手术室里没有中国麻醉大夫跟我们配合，都是跟当地的大夫配合。而且，当地没有女大夫，他们都瞧不起妇产科的女大夫，认为女大夫不会做手术。后来，他们看我们三个女大夫又能做手术又能抢救病人，才逐渐认可我们，对我们也挺好。中扎友谊，就是这么一点一滴建立起来的。

午饭时间是下午一点，吃过午饭就休息了。所以一天的工作就是从上午八点到下午一点，五个小时。我们的集体生活就像幼儿园一样，午休后打铃，起来吃水果，喝饮料，翻译给我们讲法语。下午休息时间，工作由当地的大夫和护士来做，病人也由他们管，但是如果有急诊，我们仍然得随叫随到，即便夜里也是如此。妇产科的急诊最多，所以妇产科是三个女大夫，一般急症起码得两个人一块儿去，保证我们的安全。我们有一个黑人司机，队里另外还派了个司机，只要有急诊，我们都会让两位司机陪同。

医疗队在金沙萨

大使馆很关心我们的工作和生活，吃的都是四菜一汤，队长说我们这是部长级别的待遇。为了保证身体健康，我们每两个礼拜就要采一次耳血。当地的地方病是疟疾，很快我们就感染疟源虫了，得了疟疾，发烧、输液、用抗疟药，每个星期内科大夫都给我们投预防疟疾的药。即使发烧、犯病，上午也得上班，下午回来输液治疗。我病了，我就得输液，队友们照顾我，队友病了我也得照顾队友，就这样互相照顾。

我们住在蒙博托总统的一个别墅里，居住环境不错，别墅里还挂着毛主席的大照片。那里有游泳池、乒乓球台，环境挺好的，只是天气特别热。在非洲的两年里，除了业务工作以外，我还负责队里的账目和生活，每个月得结账，去大使馆报销。另外，几个大冰箱储存的食品还有多少，还需要采购多少，每月都要清算。到非洲一年，我的肝功能就开始不太好，转氨酶高，因为老吃抗疟药导致白细胞下降、抵抗力下降、体力不足，但仍然要坚持工作。

我们这一批赶上了战争

在非洲工作时，我们这批医疗队赶上了一次战争、两次政变，所以我们这批是最艰苦的，我们和我们前一批援非的，没有外汇待遇，下一批开始就有外汇待遇了。我们这批医疗队，给折合人民币四十块钱的扎伊尔币零花钱，战争后物价极高，这些钱只能买三头大蒜。为了保证生活，保证营养，保证我们不被累垮，国内每半年海运送来两批干货，比如木耳、海参之类，蔬菜米面就在当地购买。

▶ 蒙博托总统接见医疗队员、与赵芙蓉亲切握手

战争时期生活艰苦，我们的心情都很沉重，但气势高涨，大使馆也非常关心我们的心情。当时通讯不发达，每月只能收到一封信件。外交部有信使队，带一批国内的书信，送到非洲各国转一圈。到了我们这儿以后，马上就要把我们给国内的信拿走，所以我和我先生的信都是事先写好。我都是报喜不报忧："我这儿挺好，你放心。"他在家也是说："老人也好，孩子也好，你放心。"而且他发信的时候必须骑车送到大邮局去，要不我可能就收不到，我要收不到信肯定心情不好。

那时候没有电话，只有信使队。战争后心情特别沉重，但最后都想开了，既然来了，我就应该有这个思想准备。"生命诚可贵，爱情价更高。若为自由故，二者皆可抛。"

我们向大使馆请调到战场进行战地救护，我给医院党委写了保证书，我说一定要经得起这个考验。给我先生的信我也说得很清楚："万一要是回不去了，我就向白求恩学习了，你一定保重好身体，照顾好老人，最最重要的是要把咱们的两个儿女培养成才，千万别耽误了他们的学业。"这些就是我的心愿。

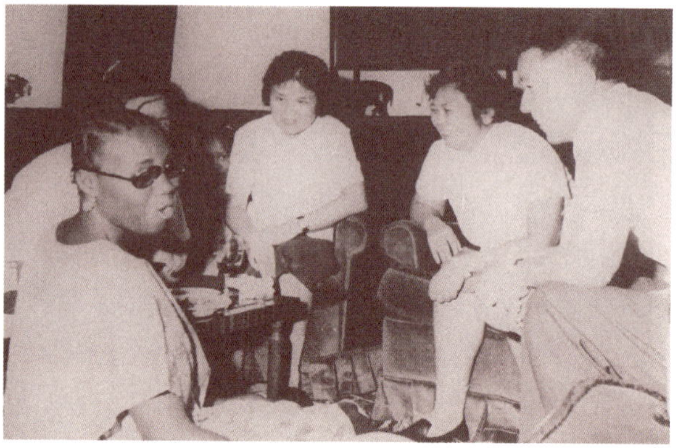

▶援非医疗队到病人家中出诊（右三为赵芙蓉）

当时我们对非洲的援助是全方位的，有医疗队，有工人专家组还有农业专家组，其他专家组生病了都到我们医疗队来，我们都是战友，我们也是医生和病人。援非的两年中，有三个中国人牺牲了：一个是工人专家组的，心梗，没抢救过来；一个是农业专家组的，曾来医疗队看过病，急性黄色肝萎缩，买了回国机票，但因病不让上飞机，所以病死在非洲；我们医疗队的一个翻译，因车祸身亡。我们对战友的牺牲，感到万分悲痛。大家只能互相鼓励："青山处处埋忠骨，何须马革裹尸还。"

在非洲这两年确实是对我人生的考验，是生死存亡的考验。我们最后在首都金沙萨工作，没能去战场，但我们大家都有这个士气，表态请调到战地救护，虽然最终没有获批。一位跟着总统的保健医生和翻译去过前线，非常危险。他一回来，我们就赶紧给他做好吃的，帮他洗衣服。那个翻译说："我出去这一趟啊，胃口特别不好，我真吃不了那个带血丝的牛肉，我特别想吃咱们医疗队的中国饭。”幸运的是，我们还可以吃自己做的中国饭，到星期日大家还可以一起包饺子吃。

业务上的长进

在援非的三个大夫当中，我是年龄最小的。我的一个上级大夫是河北省医学院四院的，毕业于上医，当时五十岁。因为非洲是热带，除了传染病、疟疾以外，还有性病、梅毒、艾滋病、尖锐湿疣。当时已经有艾滋病了，但是我们不知道，回国以后我才知道扎伊尔是艾滋病的策源地。回想起来后怕，如果手术时扎破手指，就有可能感染艾滋病。

在非洲的重大手术，我在国内都没见过，像足月妊娠大的子宫肌瘤等。重大手术都得报告大使馆、报告队长，他们要求只许做好，不许做坏。当时没有B超，就靠我们自己物理诊断，这方面我向我的上级大夫学了不少东西，像阴式手术、在国内没见过的尖锐湿疣、盆腔的巨大脓肿等，业务上长进不小。

非洲人个子很高，但生小孩儿难产率挺高，剖宫产率也高。因为黑人屁股朝后撅，骨盆轴有问题，所以我们得出结论：因为她们的骨盆轴不对，所以剖宫产率高。骨盆轴就是进入产道了以后，有一个弯过来，屁股朝后撅，这个弯度就大，我们就叫它“骨盆轴”。骨盆轴不对，所以难产，胎心不好，经过抢救不行，我们帮助他们会诊，最后决定剖宫产手术。做完了以后，大出血，抢救，抢救过来，她们都很感激。咱们“中国”的法语表示是“Chine”，所以在那边他们都管我们叫“妈妈Chine”，就是“中国妈妈”。

回国时，有一位非洲妈妈要把孩子送给我，我说：“不可以的。”她说：“那你可不可以放在你的行李背包里把她背过去？”她认为孩子是珍贵的，觉得没有什么礼物送给中国妈妈，她也知道中国好。那时候是华国锋当主席，她说要是不行，她给华主席写信，让他允许，那种感情真的非常真挚。

我们医疗队的车在街上开的时候，小孩子们就喊“Chine”，法语是“中国人”，要是出去玩或者照相，孩子们都会跑到后面跟你合照。中扎人民的友谊，就是从这里开始打的基础。

▶ 刚果（金）中扎友谊医院院长来附属医院参观，与赵芙蓉亲切握手

2019年4月25日，刚果（金）中扎友谊医院院长来我们医院参观。我们在那里工作时他还没有出生，我们走之后，中国帮助他们建了一个中扎友谊医院，他现在是中扎友谊医院的院长，来我们医院交流参观。那次正好我参加医院的一个活动碰上了，他看过我和蒙博托总统握手的照片，我说：“我们中扎友谊悠长，我在那里工作了两年，我们已经建立了深厚的友谊。”

我认为，在我的人生当中，援外是比支援三线更严峻的考验。回国以后，我们三十个人评援外战线的先进个人有两个，我算其中一个，大使馆和卫生厅均有备案。所以我觉得援外这两年，给了我这个机会，对我的思想、性格进行了锻炼、历练，业务上也有所精进，有所收获。我没有辜负党对我的培养和老师们对我的教导，圆满地完成了任务。

八、业务的飞跃

1979年，援非回国后第一年，白细胞低，身体比较弱，老是发烧，过一段时间再查，还有疟源虫，一年以后才逐渐好转。身体好了，业务上我就奋起直追，好好向在院的老同事们、老大夫们学习。

记得是1983年的时候，医院让我先生当副院长，让我当妇产科主任，我谢绝了。因为那时候我的孩子面临中考，是初中升高中的关键阶段。我本来就是一个不合格的妈妈，给他们的爱太少了，我不能再担任这个行政职务，在孩子人生的关键时刻让工作占用我更多的时间，于是谢绝了。

虽然我没当主任，但我还是想接受一次正规的训练，所以我就请求出去进修。有的人就说："让你当主任你不当，进修你怎么就去了？"我说："我确实需要在业务上赶一下。"

在进修走之前，我得做好女儿的工作。女儿说："妈妈你还走啊？"我就给她讲我的童年，讲我几岁就离开了自己妈妈，不是也挺好的嘛。我说妈妈对你缺失的爱，以后会补偿给你的，所以她也接受了。我走的时候，婆婆的身体已经不好了，不能再帮忙照顾了。

1984年，我到天津医科大学附属医院进修。我业务的成长除了支援三线和参加援非中国医疗队期间像老大夫学习，以及在附属医院间间断断的学习以外，在天津医科大学附属医院进修的这一年，是我业务的一个飞跃期。

天津医科大学附属医院，我们叫“天津总院”，它的分科是产科、妇科、计划生育科、恶性肿瘤科等。80年代，他们就有宫腔镜、腹腔镜、阴道镜等，就像我们医院现在一样，所以当时进修我认为特别宝贵，我把一年当两年用。

天津医科大学附属医院办的是全国妇产科学习班，要求很严格，一批人来了以后，一年计划都给你安排好了：什么时候在妇科，什么时候在产科，什么时候在门诊，什么时候夜班队。夜班队是一个月，就是光上夜班，夜班之后白天就是我自己的时间，所以下了夜班以后我就到处去找地方参观学习。我到他们的恶性肿瘤放疗室、妇科门诊的内分泌科、恶性肿瘤科的门诊去参观，去向老大夫学习，还有宫腔镜室、腹腔镜室和阴道镜室，我都去参观学习。

进修期间，一般的资历，不是你的病人是不能进手术室的。我属于比较特殊的，我给他们带实习生，他们也知道我的资历。另外，我也会把一些类似剖宫产、子宫次全切除等手术机会让给他们的年轻大夫。

他们医院有个科研楼，主要是做内分泌化验、阴道细胞学。我在科研楼待了一个月，见到了妇产科知名专家俞蔼峰，当时她已经退休了，还在查房。她有时查房说英语，大夫一见她来查房都会特别紧张。另一位产科主任张志诚，一位妇科主任焦书竹，都对我产生了很大的影响。这些老医生特别专业、严谨，我发自内心地敬佩。

天津总院的产科、妇科分开，是两个大病区。我在妇科的时候，把任务都完成了，还抽空听产科查房。医院是雷打不动的主任查房，但是妇科、产科查房不在一天，所以我都能够去听。跟我们院有区别，对三级医师要求很严格，假如明天主任查房，科住院大夫，就是总住院，需把要查病人的病历摘要写到黑板上。

查过我的病人，我记得是一个产科的病人。这个病人做了侧切，拉了产钳，还没拉下来，又改道做的剖宫产。病人的案例是很严格的，能不能经阴道分娩，得有一个正确的评估，像这个病例就是评估错了，当时我很紧张。最后，那个主任说，你管的病人你说说。我虽然感觉病人倾斜度有点儿问题，但是我不能指挥人家，我是学生。

查房时的严格，我深有体会。先是主管大夫报告病历，上级大夫再分析病情、报告处理情况，一个一个发言，这么多的大夫会诊，你说什么意见，他说什么意见，人家医院的大夫发言。最后，主任点到我了。我说完后，查房主任拍板说，这个赵芙蓉大夫，她是有一定的临床经验的。

还有，我管着一个糖尿病的病人，子宫肌瘤。我的上级大夫跟我一块儿，当然什么事情都得依靠上级大夫，尊重人家。管一个病人可复杂了，糖尿病的病人，我都是自己两小时烧一次尿，看那个糖多高，控制在一定的水平，才能做手术，最后手术非常圆满。病人特别感谢我，因为在生活上、护理上各个方面我都特别关照她。

我跟天津总院的大夫在很长一段时间里都有业务上的联系。一次，我去杭州开会，焦书竹主任也去。那个时候都是打印资料，我就帮着她上邮局寄大会发言的资料，她年纪大了，上邮局不方便，我就说：“焦主任，我帮您弄，我给您捆，我帮您寄。”虽然焦主任没有直接带过我，但是最后对我的评价也都是比较好的，所以我特别感谢她。

在天津进修的最大感触，就是他们的业务水平非常高。天津医科大学附属医院内分泌科特别好，我现在治疗内分泌病人的过程中，也会运用天津医科大学学来的方法帮助他们。天津医科大学附属医院的大夫特别严格，病历的书写特别严谨，三级查房很正规，带实习也很严格。有一个刚毕业一年的医生，有指定的指导老师，但她的指导老师只是指导，不会具体带她，最后要考核她侧切术，生孩子侧切的缝合、侧切分几层她答错了，她的指导老师也没有办法，测评小组就没有让她转正。

还有一个助产师跟我聊天说，她的表妹就想上这个医院来生，她又在这儿，但是表妹不是这一片儿的，她就来不了。还有，我们的一个老师，下班后在排队，我问老师干吗呢，老师说："我排队给我妈拿药呢。"我就特别感慨，本院医生拿药也要排队，不能走后门，感觉他们的风气特别正。

学术风气浓厚，妇产科有好多老主任著书，正规严谨，医院还配备专门的科研楼。

总之，在天津医科大学附属医院的进修是我业务上的一个飞跃。

九、把先进的技术带回医院

1985年，我从天津进修回来。回来了之后没有当主任，而是继续开展工作，外阴癌根治、各式各样的阴道成形、输卵管吻合，结扎后再通，这都是我们医院所需要的手术，也是我们医院后来上三甲必须要达到的指标，我进修回来后开展了这些手术。

上三甲时我当了主任，那时，我才觉得我是名副其实的了。

我是1993年晋升主任医师，1994年当了妇产科主任。我当主任时间不长，在上三甲的时候，因为我晋了正高，上三甲医院要求科主任必须是主任医师，我是第一个晋升的。第二年我还当了省里的高级职称评审委员会委员，在涿县参加过一次高级职称评审工作。

医院三甲检查的时候，我们都经历了，省里来了专家组，特别严格。上三甲的时候妇产科是全院的重点科室。我跟副主任、护士长都整夜没睡，当晚还来了急诊，忙了一夜。早晨起来，为了迎接检查，弄了一杯小米粥，你喝一口，我喝一口，就赶紧去迎检了。

十、记忆犹新的病例

七八十年代，有些困难山区的病人得了恶性疾病，比如葡萄胎、绒癌、恶性肿瘤，需要一个疗程一个疗程地做化疗。我记得有一个阜平的病人特别困难，我特别怕她后来不来化疗了，就说："你一个疗程一个疗程地化疗是可能治愈的，我们有好多病人都治好了。"我告诉她丈夫："一定要配合治疗，我尽量跟护士长说，减免你们的医药费，一定要来，人在家就在，孩子也会好，如果她不在了，我们就前功尽弃了，以后的生活怎么办呢？"所以他特别配合。

有一次，我拿着鸡蛋和咸鸭蛋来看她，天气特别热，我就把我的单衣服给她穿上。我们科有一个B超大夫说："这件衣服怎么这么眼熟？"我是一个特别同情弱者的人，如果抢救好了，就是保住了一个完整的家；如果治不好的话就前功尽弃，钱也花了、人也死了，孩子也可怜，所以我特别同情他们。

还有一个病人，是产后七个月阴道出血。第一胎没有得过葡萄胎，但她总是阴道出血，急诊子宫穿孔来的医院。当时我是高年资大夫，下边的大夫看她子宫穿孔都是血，肚子疼，所以要在急诊做手术。做术前检查，拍了胸片之后，来找我，满肺都是棉絮状的病灶，这该怎么办呀？我一看就说，这是绒癌肺转移，肺转移就是临床三期了，但是子宫穿孔了，必须急诊手术，赶紧让急诊给她做了手术，把子宫给切了。肺转移必须做化疗，做化疗疗程非常严格，三周来做一次，做到尿妊娠试验激素三次阴性以后，再巩固一到两个疗程，就像打敌人一样，非常彻底才能治愈。后来治好了，她回医院来说，她的头发都脱掉了，再长出来的头发像自来卷一样，她说："你看，我的头发黑了，像烫了一样。"我说："这很好，你更漂亮了。"

另一个病人，生了一个男孩，一辈子只能有这一个男孩，因为她子宫切了。过了好多年，一次在红旗路的早市，她一下就搂住了我，我就问她是谁，她说她是谁是谁，我给她做了手术，她都好了，儿子都二十六岁了。人我虽然不记得了，但是这个病例我记得非常清楚。

还有一个病人，也算是熟人，她因为流产老是找我看病，后来生了一个男孩儿和一个女孩儿。她的女儿比我的女儿小一点儿，到了十七八岁以后还没有来例假，让我给看看。我一看，乳房发育得特别好，第二性征特别好，就是没有阴道和子宫。我一说这个，她当时就哭了，她说："我也没做什么坏事啊，我怎么生了个这样的孩子？"我说："没有关系的，我可以给她做一个阴道成形，她可以结婚，可以有夫妻生活，但是不能生孩子。”她说女儿已经有男朋友了，要是这样的话人家就跟女儿吹了，我说：“那倒不一定，只要俩人感情好，咱们做完了再说，我先给她做。”手术效果挺好的，都是我亲自换药。后来，她女儿和男朋友结婚了，现在在石家庄工作，我们有联系。我不把病情告诉她女儿，她女儿也能正常生活，只是不怀孕，抱养一个就行了，这一点我很有意识，也是我从天津总院学来的。

还有两性发育畸形，正常情况下女性的染色体应该是XX，男性的染色体应该是XY，但如果女性有高高大大的外形，有乳房，也有阴道，但是染色体是XY，这等于是男性。要是有两性的性腺的话，容易长恶性肿瘤，长个肿瘤就切掉，直接化疗，生理可以不受影响。进修时，他们告诉我，曾经有个病人，知道了自己染色体的形式是XY就跳楼自杀了。所以这种事要保密，是善意的保密，这都是我跟天津总院学的。

十一、尊重实践，尊重科研

我们医院是教学医院，我带过很多学生，带过好多不同等级的大夫。我从天津回来的时候管着妇科。一次，科里有两个大夫都病了，我带着一个进修大夫管二十多个病人。我跟她说：“张大夫，你必须给我仔仔细细地管理病人，不能出错，你要是给我出了错，我不带你做手术。”我严格要求她。她说：“赵老师您放心，我是个铁蛋蛋，我保证管好病人。”这样，我就天天带她手术，下来书写病历，检查病人。

后来上三甲时我当了主任，凡是要求别人做到的，我首先要求自己必须做到。有的人说我幼稚，我说我要求大家做到，我自己不做，我认为不对。还有的学生什么基础都没有，我们就要从刷手、穿手术衣开始教他，就是因为咱们医院是教学医院。但在天津医科大学附属医院进修，不合格就不收你，我去了之后，人家都知道我是什么水平，就让我给他们带实习的学生。咱们这儿就不是那种情况，什么水平的都有，就特别费劲、操心。

我有三十年教龄的证书，不断地讲课，带学生。从非洲回来之后，大家轮流去医学院讲课，所以我的学生也可以说是桃李满天下了，现在都有好多跟我有联系。

作为医疗单位，我们医院的基础研究比较欠缺，工作量大，所以我们的科研文章多是回顾性的，而不是前瞻性的。在天津医科大学附属医院，他们列一个课题，下边大夫就要给他们收集材料。比如节育环类的应用，病人都要上复检室登记。大家互相帮助，你负责这个课题，大家给你提供材料；我负责那个课题，大家给我提供材料。这就是从天津医科大学附属医院学来的科研方法。

我们的课题比较少，应该多做一些课题。比如我们做微量元素和妇瘤的关系，测微量元素，这算是一个前瞻性的。我还没当主任时，做微量元素的测定，我去给病人抽血、收集样本对照，测有病的人是样本组，测正常人是对照组。我还去防疫站亲自给人抽血。后来，我也这样要求我们科室的医生。

前瞻性的课题比较困难，大家又面临晋升，所以可以做一些回顾性的统计，我也有很多回顾性的课题。不同的等级要有不同的培养目标，我对科室大夫的要求是：该做大、广、泛了就重点做大、广、泛，该做阴式手术完成，就要去做阴式手术完成。如果晋了主治，就要完成附件的手术，子宫次全切的手术。另外，每年每人总结出一篇文章，回顾性的也是一样，每年到年底统计论文。当然，如果要立一个大的课题，那需要好几年的积累。

我的课题“绝育术宫外孕”是二十八例总结分析，是一例一例总结出来，结果市里面评选时，因为不够一个小样本，没有评上。后来我就一例一例追加到四十五例。有人说我傻，“你不会翻番吗”？就是说二十八例翻一番就五十六例了。我说我不干这种事，我尊重实际，尊重实践。我先生搞科研也是这样，他一个一个的去随访恶性肿瘤，特别严谨。

十二、追梦圆梦

五十五岁，到了年龄我就不当行政主任了，但是还在上班，六十岁退休。我退休了之后有三个主任，一个正主任，两个副主任，他们各管一组，还让我带一组，当首席医师，支持她们工作。在保定，别的医院妇产科不要的病人，处理不了的病人都是来附属医院。在省里，跟省二院、四院比略逊一筹，但现在也是经常交流。在保定来说，我们绝对是龙头，而且是教学医院，越来越正规。

看着一代比一代强，我特别高兴，就像我的梦想也追上来了。长江后浪推前浪，一代更比一代强。我们那时做开腹手术，没有微创，是他们后代人开展起来的，而且做得越来越精细，越来越标准。他们也经常走出去，请进来。他们曾经请康山教授过来做手术，他们也跟上海、北京有学术交流，他们还走出去，甚至走出国门去交流、去学习，所以他们很好。我希望他们远远地

▶ "德技双馨专家"荣誉称号

▶ 许秀峰、赵芙蓉夫妇

超过我，这正是我期盼的。

现在我们医院的妇产科，有两个病区，本部一个病区，北院一个病区，北院的病区以恶性肿瘤为主。我们现在的妇产科专科划分比较细，大夫、专家门诊都各有侧重，比如搞卵巢肿瘤，搞子宫内膜癌的，还有搞盆底重建的、子宫脱垂的。每个病都有一定的治疗规范和流程，宫腔镜手术、阴道镜检查、宫颈病变的治疗都很正规了。在院领导的支持下，妇产科越来越好，我非常高兴，这正圆了我的梦！

未来，我希望科室在现在的基础上，赶上全国的先进步伐，他们都是硕士、博士，而且学习风气特别浓，他们是很有希望的。我建议，今后分科可以更细。科研方面，希望他们多立一些前瞻性的课题。我知道他们的辛苦，特别心疼他们，早上七点来工作，一天工作十二个小时左右，有些比我的孩子还小。我经常告诉他们，一定要保重身体，身体是革命的本钱。

▶ 全家合影，从左依次为儿媳、儿子、孙女、赵芙蓉、孙子、外孙、许秀峰、女儿

对医院的发展，我有好多不太了解，但是我知道我们医院现在挺好的，像中心实验室有全省、全国青年中拔尖的人才，我们搞科研离不开中心实验室。希望我们科室立了课题之后，临床回顾性课题增加一些辅助检查，会更有说服力。科研方面，中心实验室非常重要，化验室也重要，临床和辅助科室紧密结合，做前瞻性的研究才更有说服力。

我这一生当中，化用奥斯特洛夫斯基的话说：当我回首往事的时候，我不因碌碌无为而羞耻，不为虚度年华而悔恨，我觉得我足矣，没有什么遗憾。对于我的家庭，一双儿女也算成才，一个在美国，一个在北京，现在我的孙女在加拿大多伦多大学上

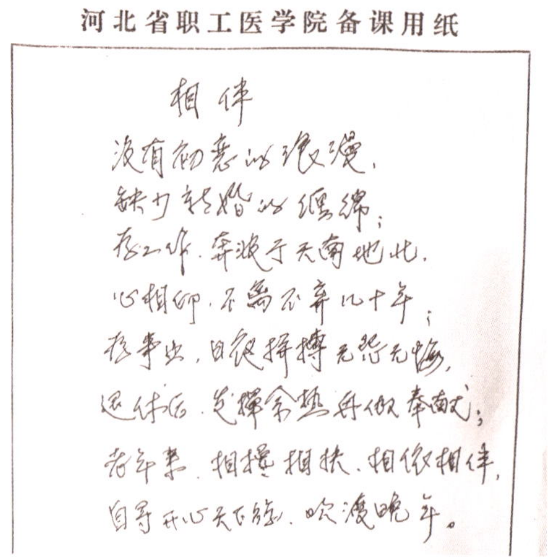
河北省职工医学院备课用纸

相伴

没有初恋的浪漫，
缺少新婚的缠绵；
为工作，奔波于天南地北，
心相印，不离不弃几十年；
为事业，日夜拼搏无怨无悔，
退休后，发挥余热再做奉献；
老年来，相搀相扶、相依相伴，
自寻开心天下游，欢度晚年。

▶ 赵芙蓉老师手稿“相伴”

学。当年，我的心愿是要让我的两个儿女成才，如今他们也算成才了，子孙也好，我的心愿也算达成了。儿女们说，为生活在这样家庭而感到高兴。女儿经常视频跟我说，她跟同事讲：“我的爸爸妈妈一辈子没有打过架，我跟他们生活二十多年，没见他们吵过架。”

现在我们俩是空巢老人，但是我们身体不错。我非常感恩医院领导，感恩同志们，给了我终生“德技双馨专家”的光荣称号。

最后我咏诗一首：

相　伴

没有初恋的浪漫，缺少新婚的缠绵；为工作，奔波于天南地北，心相印，不离不弃几十年；为事业，日夜拼搏，无怨无悔，退休后，发挥余热再做奉献；老年来，相搀相扶，相依相伴，自寻开心天下游，欢度晚年。

访谈后记

初见赵老师，我惊叹：这位老人身上流淌过的是怎样的岁月？！端庄优雅，气质淡然，一点儿也不像一位年近八十的耄耋老人。赵老师思维敏捷，谈吐清晰，说起几十年来的往事，仿佛历历在目。我深深地凝望着这位老人，倾听她的医路历程。

父亲闯关东，赵老师出生在了哈尔滨。母亲因病早逝，年幼的她辗转寄居于亲戚家。十岁随父亲移居回祖籍河北献县，聪慧好学的她成了村里的小女状元。母亲的病逝，让她立志学医，治病救人，为人民解除痛苦。

从医之后，她与先生许秀峰老师志同道合，彼此支持。但赵老师为工作奔波于天南海北，夫妻俩聚少离多。60年代，国家号召支援三线建设，赵老师在军工医院一待就是八年。访谈中，赵老师说:“我们结婚就等于分开，婚后三天我就调走了。但我俩雄心壮志做事业，我们是党员，服从党的分配。”70年代，赵老师克服困难接受艰巨任务——参加援非医疗队。她甘于奉献、不畏艰险，全心全意在非洲工作两年多，圆满地完成了任务。赵老师说：“那年，大家到车站送我时，女儿还小，提前告诉了她不要哭，先生抱着女儿，我没哭，但女儿的眼泪把先生的衣服都浸湿了，那是无声的眼泪……”说到这里，赵老师落泪了，她说：“年纪大了，反而不坚强了，但我们不能不支持医院的工作，也不能辜负党对我们的多年培养。”听到这里我哽噎了，内心的敬佩之情油然而生。

80年代，为了丰富专业知识，提高诊疗水平，赵老师到天津医科大学附属医院进修一年。那一年，她如饥似渴地学习，收获了知识，开阔了视野，带回了从天津医科大学附属医院学的技术。她带回来的技术和手术，正是后来医院上三甲时妇产科所必须达到的标准。访谈中赵老师说：“我对手术要求比较严谨，对我的下级大夫是这样，对我自己也是这样。不但手术要会做，还要做好，还要做得漂亮。”赵老师对待工作一贯地严谨认真，一丝不苟，以身作则。多年辛勤耕耘，她成了科室专业的领军人物，带领团队不懈努力，取得了骄人的成绩。

从医执教五十余载，赵老师以强烈的事业心和责任感，兢兢业业工作。秉承一颗仁心，练就一双妙手，把毕生的精力献给了她热爱的妇产科专业。而今，她依然坚守在医疗事业的前线，坚持坐诊，发挥余热。岁月的痕迹无法抹去她优雅的气质，时间的流逝不能改变她前进的方向……

后　记

经过一年多的筹备、策划，又经过一年多的访谈、录音整理、文字修改、反复确认，我和我的团队完成了张海松院长的一个夙愿——保存河北大学附属医院离退休老专家关于医学、关于医院的记忆。成书之际，百感交集，有欣喜、有感动、有释然，也有遗憾、有忐忑、有不安。

这是一部由一串串有温度的文字记录的真实故事，这是一部跨越了近一个世纪的医者史诗。每位老专家都曾经是普通的医生、护士，然而在过往的岁月中，他们用或美好幸福或坎坷痛苦的不同的人生经历诠释了医者仁爱严谨、责任担当的相同的精神品质。能将这些同与不同以书籍的形式呈现给世人，我们深感荣幸。但同时，亦有遗憾：老专家们的经历和记忆就像蕴涵丰富的宝藏，囿于时间紧、任务重，我们采集的仅仅是其中很少部分；原计划除了按照老专家个人经历为线索进行访谈，还想透过个人成长追寻其所在科室的发展历程及重大事件的发生情况，种种原因，此条线索并未突出；由于很多老专家年事已高，回忆时难免会出现偏差或疏漏，虽然所有呈现出来的文字均已经过老专家及河北大学附属医院以董俊洲老院长为代表的专家团队的认真审核，仍不免会有细微偏差。这或许是我们感到忐忑和不安的重要原因吧，好在医生的口述历史并非真正的院史。

此项目缘起于2017年初，在一次因“保定责任”项目而起的聚会上，张院长向我谈到他的遗憾：“今年我又送别了一位医院的老前辈，感觉特别惋惜。这些医院的老人，每年都会失去一两位，老人们越来越少了，而他们才是我们医院最宝贵的财富。”恰逢刚刚参加了一个关于口述历史的研修班，我向张院长介绍了口述历史这种运用文字、录音、录像等手段，通过历史事件当事人或目击者的回忆叙述，真实记录和保存历史资料的方法，并建议张院长给离退休老专家做口述史。张院长当即表示：“太好了！”

我深深理解张海松院长作为一所有三千多张病床的大型三甲医院的当家人定是公务繁忙，口述史的事儿可能无暇顾及。出乎意料的是，在接下来一年多的时间里，每次见到张院长或者电话联系时，他都会提及口述史的事情，而且希望由我来帮助医院完成。他说他想留下老专家们的声音、文字和故事，因为老专家们年龄越来越大，身体越来越不好，他希望我们的口述史尽快去做。在张院长的亲自策划之下，2018年5月，横向课题“河北大学附属医院老专家口述历史研究”正式立项，并于2018年6月13日举行了隆重的项目启动仪式。

感动于张院长对离退休老专家尊重感念的情怀，我欣然接受了河北大学附属医院的委托，担任了该项目的主持人，并组织成立了由保定学院十名骨干教师组成的项目团队，制订了周密的项目推进方案。2018年6月，项目组开始了紧锣密鼓的访谈，历时近一年半的时间，克服了可预知和不可预知的重重困难，到2019年9月，共约见访谈了老专家三十多位。个别老人因为身体等原因，只接受了一两次访谈，讲述内容较少，未能收录进我们的三部书当中，但我们都将访谈进行了文字整理，交与河北大学附属医院作为宝贵资料珍藏。二十八位老专家经历了我们的全程访谈，他们的故事被写进了口述史。

项目完成的过程曲折而艰辛。老专家们大都年事已高，有的身体不好，难以完成长时间的访谈，我们就分多次去访问；有的专家本来约好，但是当我们如约访谈的时候，老人生病住院，就再约时间；有的老专家我们去了六七次才完成访谈，有的访谈时间持续了两三个月，从夏天开始，冬天才结束；还有的老专家访谈一两次之后，家属怕累坏了老人，婉拒了后边的访谈；有的老人像小孩儿，需要哄着高兴才肯讲；当然，更多的老人愿意接受我们项目组的访谈，也愿意分享他们的人生经历、从医历程，愿意跟我们讲述他们那个年代的人物和故事。有的老人一次就讲两三个小时，每次都滔滔不绝，意犹未尽。访谈有时约在晚上，有时约在早晨；访谈地点有的在老人家中，有的在河北大学附属医院的老干部活动中心，有的在老人依然工作的诊所、医院，还有的甚至在病床上。我们根据老专家的作息和要求约定访谈时间和地点。如此种种，我们带着对老专家的崇敬，以强烈的责任感最终完成了访谈任务。访谈之后，我们在第一时间整理或七八万字或三四万字的原始文字和图片资料，从中厘清时间和事件，合并信息，剔除多余资料，修改后的文字再次找老专家认可，交专家团队核准。从约见到一次次的访谈，再到将老专家们的叙述转录成文字、修订文字、审定文字，再根据出版要求和返修意见反复修改，最终呈现在读者面前。今天的工作早已远远超出了张院长及河北大学附属医院对项目的预期和要求。但为了更好地留住医院老专家这笔宝贵的精神财富，我觉得我们所有的辛苦付出都值得!

这个项目，也让我们参加访谈的每一位老师接受了一次精神的洗礼，每次访谈回来进行研讨的时候，大家脸上都写满了兴奋与幸福，他们说："与高尚的人为伍，我们也能成为高尚的人；

与敬业的人交流，也激励我们成为敬业的人！”

衷心感谢“河北大学附属医院老专家口述历史研究”项目，感谢我们访谈过的每一位老专家。因与你们的结识，与你们面对面地交流，倾听你们真实的人生故事、从医历程，我们一次次感动、一次次流泪、一次次唤起内心对人生的深度思考。项目从开始到完成，我们一直在感动中进行，书稿融入了太多情感的成分，老专家们的真情实感，我们的深深感动，都让这套三部曲的口述史充满浓浓的人情味，实现了我们当初“留下一段有温度的历史”这一目标。

作为医院发展的亲历者和见证人，老专家们为后人讲述了医院的过往，他们为医院的发展做出的努力，他们的回忆让更多读者了解了医院曾经的管理制度，包括查房制度、医学档案和病历的保管制度等，同时也让我们了解到了河北大学附属医院独特的医护人员养成教育体系，这些资料对医院发展史、医学史、医学教育史的研究都具有独特的价值。

作为一套由真实故事组成的图书，她可以让年轻的医务工作者在品读故事中潜移默化地提高个人的精神境界，学到处理疑难问题的方法和策略；她还可以让患者朋友真正地走进医生、护士的工作和生活，阅读他们的精神世界，理解他们的喜怒哀乐、医者情怀……《冀医记忆》《医路历程》《伉俪故事》，其中的每一篇故事都值得我们静心品读。

2019年国庆节于保定学院